골프 규칙

Q&A
150선

골프 규칙

Q&A
150선

대광서림

머리말

한국 여자 프로 골프협회의 경기위원으로 12년간 근무를 하면서 실제로 시합 중 필드에서 발생했던 사례들과 그동안 많은 아마추어 분들이 전화나 협회 인터넷을 통하여 문의해온 내용 중, 프로 아마추어 구별 없이 골퍼라면 누구나 꼭 알아야할 골프 규칙을 모아서 Q&A 형식으로 꾸며 보았다.

골프가 이제는 축구나 야구처럼 인기있는 스포츠가 되고 또 대중화되고 있다. 세계적으로는 타이거 우즈나 애니카 소렌스탐과 같은 스타플레이어의 탄생이 골프 붐을 일으키고 있고, 우리나라에서는 박세리의 드라마틱한 성공 그리고 최경주의 선전을 비롯하여 그 외에 많은 선수들이 국내외에서 좋은 활약을 하고 있어서 짧은 기간에 질적으로나 양적으로 엄청난 발전을 가져왔다.

다른 운동과 달리 골프는 본인이 플레이어이며 심판원이 되는 스포츠다. 제멋대로 치는 것이 아니고 규칙을 알고 그것을 지키면서 쳐야 되는 운동이며 그래야 더 재미있다. 골프 규칙을 잘 알고 있는 선수가 반드시 좋은 성적을 내는 것은 아니지만 골프를 잘 치는 사람들은 대부분 규칙 또한 잘 숙지하고 있다. 규칙을 잘 알고 있으면 그것을 최대한 활용하여 이득을 얻을 수 있으며 또 불필요한 벌타를 피할 수 있기 때문이다.

 골프는 스트로크 플레이와 매치 플레이로 구분되며 그 적용 규칙 또한 조금씩 다르다. 골프 규칙 Q&A에서는 우리나라의 대부분의 골퍼들이 선호하는 스트로크 플레이에 적용되는 규칙을 설명하였다. 매치 플레이에 적용되는 규칙은 매치 플레이란 말을 따로 언급을 하였으므로 그런 말이 없으면 전부 스트로크 플레이에 해당되는 규칙으로 이해하면 된다.

 방대한 지역에서 일어나는 사례들을 이 책에서 모두 다 커버할 수는 없으나 기본적으로 이곳 150문제에 나와 있는 규칙만 이해하고 있으면, 골프를 치면서 발생되는 의문점을 판정하는 데 큰 어려움은 없으리라 확신한다.

 제1장의 에티켓과 제2장의 용어의 정의를 먼저 읽고 난 다음 '경기 규칙'을 보면 훨씬 쉽게 이해가 될 것이다. 골프 규칙이 점점 더 복잡해지고 알쏭달쏭 하므로 되도록 쉽게 설명하려고 노력하였으며 이 Q&A가 골프를 즐기는 모든 분들께 큰 도움이 되기를 바란다.

 끝으로 이 책이 나올 수 있도록 격려와 도움을 준 한국 여자 프로 골프협회 성낙소·박경희 두 경기위원, 그리고 대광서림 이강석 상무님께 감사를 드린다.

2006년 7월 김광배

차 례

머리말
일러두기
제1부 에티켓
제2부 용어의 정의
제3부 경기 규칙

* 게임(The Game)
* 클럽과 볼(Clubs and Ball)
* 플레이어의 책임(Player's Responsibilities)
* 치는 순서(Order of Play)
* 티잉 그라운드(Teeing Ground)
* 볼을 치는 것(Playing the Ball)
* 퍼팅 그린(The Putting Green)
* 볼이 움직였거나, 방향이 변경되었거나 또는 정지된 볼(Ball Moved, Deflected or Stopped)
* 구제를 받을 수 있는 상황과 그 처리 방법 (Relief Situations and Procedure)

기타
신 페리오 방식

찾아보기

제1부 에티켓(Etiqutette)

코스에서의 행동(Behaviour on the course)

1) 서론(Introduction)

본 장은 골프를 할 때 지켜야할 예의에 관한 지침을 규정한다. 모든 플레이어들이 이를 준수한다면 골프를 최대한으로 즐길 수 있을 것이다. 가장 중요한 원칙은 코스에서 항상 다른 플레이어를 배려하는 일이다.

2) 경기의 정신(The Spirit of the Game)

골프는 다른 많은 스포츠와는 달리 대부분 심판원의 감독 없이 플레이된다. 골프 게임은 다른 플레이어들을 배려하고 규칙을 준수하는 사람의 성실성에 의존한다. 모든 플레이어들은 언제나 절제된 태도로 행동하고 예의를 지키며 스포츠맨십(Sportsmanship)을 발휘하여야 한다. 이것이 골프 경기의 정신이다.

3) 안전(Safety)

플레이어는 샷을 하거나 또는 연습 스윙을 할 때 클럽으로 다칠만한 가까운 곳 혹은 볼, 돌, 자갈 또는 나뭇가지 등이 날려서 다칠만한 위치에 아무도 없는가를 확인해야 한다. 플레이어는 앞서간 플레이어들이 볼이 도달할 수 있는 범위 밖으로 나갈 때까지 볼을 쳐서는 안된다.

플레이어는 볼을 칠 때 가까이 있거나 앞에 있는 코스관리요원을 맞힐 염려가 있을 경우에 항상 경고를 주어야 한다. 플레이어가 사람이 맞을 위험이 있는 방향으로 친 경우에는 즉시 큰소리를 질러 경고하여야 한다. 그와 같은 상황에서 예부터 사용되고 있는 말은 포어(fore)다.

4) 다른 플레이어에 대한 배려 (Consideration for Other Players)

① 소란이나 정신 집중 방해의 금지

플레이어는 항상 코스에서 다른 플레이어들을 배려하여야 하며 움직이거나 말하거나 잡음을 내서 플레이를 방해해서는 안된다.

플레이어는 코스 내에서 휴대하고 있는 전자기기가 다른 플레이어를 방해하지 않는지 확인해야 한다.

플레이어는 티잉(Teeing) 그라운드 위에서 자신의 순서가 올 때까지 볼을 티 위에 올려놔서는 안된다.

그리고 다른 플레이어가 플레이 하려고 할 때 볼 가까이 가거나 바로 뒤에 서서는 안 되며 홀 바로 뒤에 서서도 안된다.

② 퍼팅 그린 위에서

플레이어는 퍼팅 그린 위에서 다른 플레이어의 퍼팅 선에 서서는 안 되며 다른 플레이어가 칠 때 퍼팅선상에 그림자를 지게 해서도 안된다.

플레이어는 자기가 속한 조의 다른 플레이어들이 모두 홀 아웃 할 때 까지 퍼팅 그린 위나 그 근처에 있어야 한다.

③ 스코어 기록

스트로크 플레이에서 마커(Marker)는 필요한 경우 다음 티잉 그라운드로 가는 도중에 자기가 맡은 플레이어와 스코어를 대조하여 기록해야 한다.

5) 플레이 속도(Pace of Play)

① 적정한 플레이 속도 및 유지

플레이어는 빠른 속도로 경기를 해야 한다. 위원회는 모든 플레이어들이 지켜야할 경기속도 지침을 만들 수 있다.

앞 조를 따라가는 것은 그 조의 책임이다.

한 홀이 비어 있고 뒷 조를 기다리게 하고 있으면 그 조의 수에 관계없이 패스를 시켜야 한다.

② 플레이할 준비

플레이어는 자신이 칠 차례가 왔을 때 바로 칠 수 있도록 준비를 하여야 한다.

퍼팅 그린 위나 그 근처에서 경기를 할 때는 백이나 카트를 그 근처에 놔둬야한다. 한 홀의 경기가 끝나면 플레이어들은 곧 퍼팅 그린을 떠나야 한다.

③ 분실구

플레이어는 볼이 워터해저드가 아닌 곳에서 분실했거나 볼이 OB에 들어갔다고 생각되면 시간을 절약하기 위하여 잠정구를 쳐야 한다.

볼을 찾고 있는 플레이어들은 쉽게 볼을 찾을 수 없다고 생각되면 곧 뒷 조의 플레이어들에게 신호를 해야 한다. 5분간 찾은 후에 신호해서는 안된다. 뒷 조를 패스 시켰으면 그 조가 볼이 닿을 수 있는 곳을 벗어 날 때까지 쳐서는 안된다.

6) 코스의 선행권(Priority on the Course)

위원회가 따로 정한 경우를 제외하고 코스의 선행권은 각 조의 플레이 속도에 의하여 결정된다. 18홀을 전부 플레이하는 조는 18홀보다 적은 수의 홀을 경기하는 조를 패스할 권리가 있다.

7) 코스의 보호(Care of the Course)

① 벙커

벙커를 떠나기 전에 플레이어들은 자기가 만든 발자국은 물론 근방에 있는 다른 사람이 만든 발자국도 잘 메우고 평평하게 해놔야 한다. 만약 고무래가 그 근처에 있으면 그런 목적을 위하여 그 고무래를 사용해야 한다.

② 디 보트 볼 자국 및 골프화에 의한 손상의 수리

플레이어들은 자기가 만든 디 보트 자국과 볼의 충격으로 생긴 퍼팅 그린의 손상을 수리해야 한다.(자기가 만든 것이든 남이 만든 것이든) 한 조의 모든 플레이어가 한 홀의 경기를 마치면 골프화로 생긴 그린의 손상을 수리해야 한다.

③ 불필요한 손상의 방지

플레이어들은 연습 스윙할 때 디 보트를 만들거나 화가 나서 또는 다른 이유로 클럽 헤드로 지면을 내려 쳐서 코스가 상하지 않도록 주의해야 한다.

플레이어들은 백이나 깃대를 놓을 때 퍼팅 그린을 손상시키지 않도록 해야 한다.

홀을 손상시키지 않기 위해 플레이어들과 캐디들은 홀에 너무 가까이 서지 말고 또 깃대를 다룰 때나 홀에서 볼을 집어낼 때 주의를 해야 한다. 홀에서 볼을 집어낼 때 클럽 헤드를 사용해선 안된다.

플레이어들은 퍼팅 그린을 떠나기 전에 깃대를 홀에 똑바로 세워둬야 한다.

그리고 골프 카트 운행에 관한 지시 사항을 잘 지켜야 한다.

8) 결론(Conclusion)

플레이어가 본 장의 지침을 준수할 경우 더 재미있는 골프를 즐기게 될 것이다.

플레이어가 라운드 중에 혹은 다른 플레이에게 피해를 끼치면서 계속해서 이 지침을 무시할 경우 위반 플레이어에 대한 적절한 징계조치를 고려하도록 위원회에 권장한다. 이러한 징

계조치는 예를 들어 일정기간 동안 골프장 출입금지나 일정회수의 대회 출전 금지 조치가 포함된다. 이것이 본 지침에 따라서 플레이 하려는 골퍼들 다수의 이익을 보호한다는 관점에서 정당하다고 인정할 수 있다.

위원회는 플레이어가 에티켓의 중대한 위반을 범한 경우 경기 규칙 33-7에 의하여 경기를 실격시킬 수 있다.

제2부 용어의 정의
(Definitions)

용어의 정의(Definitions)

비정상적인 코스 상태(Abnormal Ground Conditions)

비정상적인 코스 상태란 고인 물, 수리지 또는 구멍 파는 동물이나 파충류, 새들에 의해 코스상에 만들어진 구멍 쌓인 흙 통로를 말한다.

어드레스(Addressing the Ball)

플레이어가 스탠스를 취하고 클럽을 지면에 대었을 때 볼에 어드레스 한 것이다. 그러나 해저드에서는 스탠스를 취한 때에 어드레스 한 것이 된다.

조언(Advice)

어드바이스란 플레이어의 결단, 클럽의 선택 또는 치는 방법을 결정할 때 플레이어에게 영향을 줄 수 있는 조언이나 암시를 말한다.

규칙이나 공지사항 예를 들면 해저드나 퍼팅 그린상의 깃대 위치 등을 알리는 것은 어드바이스가 아니다.

인 플레이 볼(Ball in Play)

볼은 플레이어가 티잉 그라운드에서 치면 곧 인 플레이 볼이 된다.

그 볼은 분실되거나, OB에 들어갔거나, 집어 올렸을 경우나 혹은 다른 볼로 교체되었을 경우를 제외하고 홀 아웃될 때까지 인 플레이 상태를 지속한다. 다른 볼과 바꾼 경우에는 볼의 교체가 허용되든지 안 되든지에 관계없이 바꾼 볼이 인 플레이 볼이 된다.

플레이어가 한 홀의 경기를 시작할 때 또는 잘못을 시정하고자 할 때 볼을 티잉 그라운드 밖에서 쳤으면 그 볼은 인 플레이 볼이 아니다. 플레이어가 티잉 그라운드에서 다음 타를 치는 것을 선택하거나 또는 규칙에 따라 그곳에서 쳐야 할 때 티잉 그라운드 밖에서 친 볼은 인 플레이 볼이다.

매치 플레이에서의 예외 : 한 홀의 경기를 시작할 때 플레이어가 티잉 그라운드 밖에서 쳤을 경우 상대방이 그 타를 취소하도록 요구하지 않으면 티잉 그라운드 밖에서 친 볼은 인 플레이 볼이다.

벙커(Bunker)

벙커란 풀과 흙을 제거하고 그 대신 모래나 그 비슷한 것을 넣어서 만든 해저드로 대개의 경우 모양이 오목하다.

쌓아 올린 면(풀로 덮여 있거나 흙만 있거나 관계없이)을 포함하여 벙커 안이나 경계의 풀로 덮인 곳은 벙커의 일부가 아니다. 풀이 없는 벙커의 벽이나 가장자리는 벙커의 일부이다.

벙커의 경계는 수직 아래로 연장되나 위로는 연장되지 않는다.

볼이 벙커 안에 있거나 그 일부가 벙커에 접촉하고 있으면 그 볼은 벙커에 있는 것으로 간주된다.

구멍 파는 동물(Burrowing Animal)

구멍 파는 동물이란 토끼 두더지나 멧돼지 등과 같이 주거나 은신처를 위해 굴을 파는 동물들을 말한다.

> 주 : 개와 같이 구멍을 파는 동물이 아닌 동물이 판 구멍은 수리지로 표시했거나 선언되지 않았으면 비정상적인 코스 상태가 아니다.

캐디(Caddie)

캐디란 경기 중에 플레이어의 채를 운반하거나 취급하는 것을 포함하여 규칙에 따라 플레이어를 도와주는 사람을 말한다.

공용의 캐디는 볼에 문제가 발생하였을 때 그 볼의 소유자의 캐디가 되며 캐디가 가지고 있는 휴대품도 그 볼의 소유자의 것으로 간주한다. 그러나 플레이어의 특별한 지시에 의하여 행동한때는 지시한 플레이어의 캐디로 간주한다.

고인 물(Casual Water)

캐주얼 워터란 플레이어가 스탠스를 취하기 전이나 후에 볼 수 있는 코스에 일시적으로 고인 물을 말한다. 워터 해저드에 있는 것은 캐주얼 워터가 아니다.

서리 이외의 눈과 자연 얼음은 플레이어 마음대로 고인 물이나 루스 임페디먼트로 취급할 수 있다.

인조 얼음은 장해물이다. 이슬과 서리는 캐주얼 워터가 아니다.

볼이 캐주얼 워터 안에 있거나 그 일부가 고인 물에 접촉하고 있으면 그 볼은 캐주얼 워터 안에 있는 것으로 한다.

위원회(Committee)

위원회란 경기를 관리하는 위원회를 말하며 경기에 관한 문제가 아닌 경우에는 코스를 관리하는 위원회를 말한다.

경기자(Competitor)

경기자란 스트로크 플레이 할 때의 플레이어를 말한다. 동반 경기자란 경기자와 함께 경기를 하는 사람이며 이들은 서로 파트너가 아니다.

그러나 포섬과 포볼 스트로크 플레이에서는 경우에 따라 경기자란 말에 파트너가 포함된다.

코스(Course)

코스란 위원회가 설정한 경계 안에 있는 모든 지역을 말한다.

휴 대품(Equipment)

휴대품이란 플레이어가 사용 착용 혹은 휴대하는 물건을 말한다. 인 플레이 볼과 볼의 위치나 볼을 드롭 할 구역을 마크할 때 사용하는 동전이나 티 같은 작은 물건은 휴대품으로 간주하지 않는다.

수동이나 자동 골프 카트도 휴대품에 포함된다. 카트를 두 명 또는 그 이상이 같이 사용할 때는 카트와 카트 안에 있는 모든 것은 문제가 생긴 볼의 임자의 휴대품으로 간주한다. 그러나 그중 한 사람이 운전을 하고 있을 때는 그것들은 운전하고 있는 사람의 휴대품으로 간주한다.

> 주 : 인플레이 상태의 볼을 집어 올려 인플레이 상태가 아닌 볼은 휴대품이다.

깃 대(Flag-stick)

깃대란 홀의 위치를 표시하기 위하여 기 또는 이와 유사한 물건을 달거나 또는 달지 않은 홀의 중심에 꼿꼿이 세운 움직일 수 있는 표식이다.

깃대의 단면은 원형이어야 한다. 볼의 움직임에 부당하게 영향을 줄 수 있는 패딩 혹은 충격 흡수 물질은 사용할 수 없다.

포 어 캐디(Fore-caddie)

포어 캐디란 경기 중에 볼의 위치를 플레이어에게 알리기 위하여 위원회가 배치한 사람이며 그는 국외자이다.

수리지(Ground Under Repair)

수리지란 위원회의 지시에 따라 수리지로 표시 되었거나 그 대리인이 수리지라고 선언한 코스안의 구역을 말한다. 수리지라는 표시가 없더라도 다른 곳으로 옮기기 위하여 쌓아 놓은 물건과 그린 키퍼가 파놓은 구멍은 수리지로 간주한다.

수리지 안에 있는 모든 지면, 풀, 관목, 나무 또는 기타 생장물은 수리지의 일부이다. 수리지의 경계는 수직으로 아래로 연장되지만 위로는 연장되지 않는다. 수리지를 표시하는 말뚝과 선은 수리지 안에 있는 것으로 한다. 그런 말뚝은 장해물이다. 볼이 수리지 안에 있거나 그 일부가 수리지에 접촉하고 있으면 그 볼은 수리지에 있는 것으로 한다.

주 : ① 다른 곳으로 옮길 예정 없이 코스에 버려져 있는 깍아 놓은 풀이나 기타 물건은 수리지란 표시가 없으면 수리지가 아니다.
② 위원회는 수리지에서나 또는 수리지로 지정된 환경 보호 구역에서의 플레이를 금하는 로컬 룰을 제정할 수 있다.

해저드(Hazards)

해저드란 모든 벙커와 워터 해저드를 말한다.

홀(Hole)

홀의 직경은 108mm(4.25인치)이고 깊이는 101.6mm (4.0인치) 이상이어야 한다. 원통을 끼울 때는 토질이 허용하면 퍼팅 면에서 적어도 25.4mm(1인치)는 아래로 묻어야 한다. 원통의 외경은 108mm(4.25인치) 이내이어야 한다.

홀에 들어간 볼(Holed)

볼이 원통 내에 들어가 정지했을 때 그리고 볼의 전부가 홀의 높이보다 아래에 멎었을 때 그 볼은 홀에 들어간 것이다.

오너(Honour)

티잉 그라운드에서 먼저 치는 플레이어를 오너라고 한다.

래터럴 워터 해저드(Lateral Water Hazard)

래터럴 워터 해저드란 경기규칙 26-1b에 따라 해저드 후방에 볼을 드롭하는 것이 불가능하거나 또는 위원회가 불가능하다고 판단한 워터 해저드나 그 일부를 말한다.

워터 해저드의 일부를 래터럴 워터 해저드로 할 때는 그 구분을 명확하게 해야 한다.

볼이 래터럴 워터 해저드 안에 있거나 그 일부가 래터럴 워터 해저드에 접촉하고 있으면 그 볼은 래터럴 워터 해저드에 있는 것으로 한다.

주 : ① 래터럴 워터 해저드를 표시하기 위해 사용되는 말뚝과 선은 빨간색이어야 한다. 래터럴 워터 해저드를 표시하기 위해 말뚝과 선을 같이 사용할 때는 말뚝은 해저드임을 표시하고 선은 해저드 경계를 표시한다.
② 위원회는 래터럴 워터 해저드안의 환경 보호 구역에서 경기하는 것을 금지하는 로컬 룰을 제정할 수 있다.
③ 위원회는 래터럴 워터 해저드를 워터 해저드로 표시할 수 있다.

경기선(Line of Play)

경기선이란 플레이어가 볼을 쳐서 보내고자 하는 방향을 말한다.

경기선은 그 방향의 양쪽 적당한 거리도 포함된다. 경기선은 지면에서 수직으로 위쪽으로 연장되지만 홀 넘어서는 연장되지 않는다.

퍼팅선(Line of putt)

퍼팅선이란 퍼팅 그린에서 플레이어가 볼을 쳐서 보내고자 하는 선을 말한다. 경기규칙 16-1e를 제외하고 퍼팅선은 보내고자 하는 선의 양쪽 적당한 거리도 포함되지만 홀 넘어까지는 연장되지 않는다.

루스 임페디먼트(Loose Impediments)

루스 임페디먼트란 자연물로서
 * 고정되어 있지 않거나 생장하고 있지 않으며
 * 땅에 단단히 박혀 있지 않고
 * 볼에 부착되어 있지 않은 것으로써
다음 것들이 포함된다. 즉
 * 돌, 나뭇잎, 나무의 잔가지 그리고 그와 유사한 것
 * 동물의 변
 * 벌레와 곤충 그리고 그것들이 만든 쌓인 흙과 퇴적물

모래와 흩어진 흙은 퍼팅 그린에 있을 때는 루스 임페디먼트

로 취급되지만 다른 곳에 있을 때는 아니다. 서리 이외의 눈과 자연 얼음은 플레이어의 선택에 따라 캐주얼 워터 또는 루스 임페디먼트로 취급할 수 있다. 이슬과 서리는 루스 임페디먼트가 아니다.

분 실구(Lost Ball)

다음의 경우는 볼을 분실한 것으로 간주한다.
a. 플레이어 그의 편이나 그들의 캐디가 볼을 찾기 시작해서 5분 이내에 찾지 못하거나 플레이어가 자기 볼임을 확인하지 못할 때
b. 플레이어가 바꾼 볼을 쳤을 때
c. 원구가 있을 것으로 생각되는 곳 또는 그곳 보다 홀에 가까운 지점에서 잠정구를 쳤을 때

오구를 치는데 소비한 시간은 볼을 찾는데 허용된 5분간에 산입하지 않는다.

마 커(Marker)

마커란 스트로크 플레이에서 경기자의 스코어를 기록하도록 위원회가 임명한 사람이며 동반 경기자가 마커가 될 수 있다. 마커는 심판원이 아니다.

경기(Matches)

+ 싱글(Single)이란 1인대 1인의 경기다.
+ 스리섬(Threesome)이란 1인이 다른 2인에 대항하여 각 편이 1개의 볼로 하는 경기이다.
+ 포섬(Foursome)이란 2인이 2인에 대항하여 각 편이 1개의 볼로 하는 경기이다.
+ 스리 볼(Three-ball)이란 3인이 서로 대항하여 각자의 볼로 하는 경기이다. 각 플레이어는 2개의 다른 경기를 동시에 하는 것이다.
+ 베스트 볼(Best-ball)이란 1인이 2인이나 3인으로 된 편에 대항하며 2인 이상의 편은 각자의 볼을 치되 제일 좋은 스코어를 그편의 스코어로 하는 경기이다.
+ 포볼(Four-ball)이란 2인이 2인에 대항하여 각 경기자는 각자의 볼을 치며 좋은 스코어를 그편의 스코어로 하는 경기이다.

움직인 볼(Move or Moved)

볼이 멎어 있던 곳에서 다른 곳으로 옮겨서 멎으면 그 볼은 움직인 것으로 간주한다.

가장 가까운 구제의 기점(Nearest Point of Relief)

구제의 기점이란 움직일 수 없는 장해물, 비정상적인 코스 상태 또는 사용하지 않는 퍼팅 그린에 의한 방해로부터 벌 없이 구제를 받기 위한 기점을 말한다.

그 기점은 볼이 있는 곳에서 가장 가까운 곳으로서
1) 홀에 가깝지 않고
2) 볼이 그곳에 있다고 가정 했을때 구제 받고자 하는 상태가 치는데 방해가 안 되는 곳이다.

> 주 : 구제의 기점을 정확하게 결정하기 위하여 플레이어는 칠 방향으로 서서 어드레스를 취하고 다음에 사용하려고 생각한 클럽으로 정해야 한다.

업 서버(Observer)

업서버란 사실 문제의 판정에 관하여 심판원을 보조하며 반칙을 심판원에게 보고하기 위하여 위원회가 임명한 사람을 말한다. 업서버는 깃대를 잡거나 홀 옆에 서거나 홀 위치를 마크하거나 볼을 집어 올리거나 볼 위치를 마크하지 못한다.

장 해물(Obstructions)

장해물이란 모든 인공적인 물건을 말하며 도로와 통로의 인공적 표면과 측면 그리고 인조 얼음도 포함된다.

그러나 다음 것은 제외된다.

a. 아웃 오브 바운드를 표시하는 벽, 담, 말뚝, 울타리
b. 아웃 오브 바운드에 있는 움직일 수 없는 인공적 물건의 모든 부분
c. 코스와 분리 할 수 없는 부분이라고 위원회가 지정한 구축물

움직일 수 있는 장해물이란 무리한 노력을 들이지 않고 플레

이를 부당하게 지연시키지 않으며 손상을 입히지 않고 옮겨질 수 있는 장해물을 말한다. 그렇지 않은 것은 움직일 수 없는 장해물이다.

> 주 : 위원회는 움직일 수 있는 장해물을 움직일 수 없는 장해물로 규정하는 로컬 룰을 제정할 수 있다.

아웃 오브 바운드(Out of Bounds)

아웃 오브 바운드(OB)란 코스 구역 밖이나 위원회가 그렇게 표시한 코스의 일부를 말한다.

OB가 말뚝이나 울타리를 기준으로 또는 말뚝이나 울타리를 넘은 곳으로 표시되어 있을 때는 OB 선은 말뚝이나 울타리 기둥(울타리의 받침대는 제외)의 코스에 가장 가까운 쪽을 지면으로 연결하는 선이다.

OB를 표시하는 벽, 담, 말뚝과 난간 같은 것은 장해물이 아니며 고정되어 있는 것으로 간주한다.

OB를 지면에 선으로 표시했을 때는 그선 자체가 OB이다.

OB 선은 수직으로 위와 아래쪽으로 연장된다.

볼의 전체가 OB에 있을 때는 OB의 볼이다. 플레이어는 코스 내에 있는 볼을 플레이 하기 위하여 OB에 설 수 있다.

국외자(Outside Agency)

국외자란 스트로크 플레이에서는 경기자 편에 속하지 않은 사람과 물건을 말하며 매치 플레이에서는 경기에 관계없는 사람과 물건을 말한다. 심판원, 마커, 업서버, 포 캐디는 국외자이다.

바람과 물은 국외자가 아니다.

파트너(Partner)

파트너란 같은 편에 속하는 플레이어를 말한다. 스리섬 포섬 베스트 볼이나 포볼 경기에서는 경우에 따라 플레이어란 말에 파트너도 포함된다.

벌타(Penalty Stroke)

벌타란 규칙에 따라 플레이어나 그편의 스코어에 부가되는 타수를 말한다. 스리섬과 포섬에서 벌타는 치는 순서에 영향을 주지 않는다.

잠정구(Provisional Ball)

잠정구란 볼이 워터 해저드가 아닌 곳에서 분실되거나 OB에 들어갔을 염려가 있을 때 경기규칙 27-2 따라 플레이하는 볼을 말한다.

퍼팅 그린(Putting Green)

퍼팅 그린이란 현재 경기를 하고 있는 홀의 퍼팅을 위해 특별히 마련된 구역이나 위원회가 그린이라고 지정한 구역을 말한다. 볼의 일부가 그린에 접촉하고 있으면 그 볼은 그린에 온 된 것이다.

심판원(Referee)

심판원이란 플레이어와 동행하여 현장의 사실 문제를 판정하고 또 규칙을 적용하기 위하여 위원회가 임명한 사람을 말한다. 심판원은 직접 보거나 보고 받은 모든 규칙 위반에 대하여 판정을 해야 한다.

심판원은 깃대를 잡거나 또는 볼을 집어 올리거나 볼의 위치에 마크해서는 안된다.

럽 오브 더 그린(Rub of the Green)

럽 오브 더 그린이란 움직이고 있는 볼이 국외자에 의하여 우연히 방향을 바꿨거나 멎은 경우를 말한다.(경기규칙 19-1 참조)

규칙(Rule or Rules)

규칙이란 용어에는 다음과 같은 항이 포함된다.
a. 골프 규칙과 골프규칙 제정집에 수록된 해석
b. 33-1과 부칙 1에 따라 위원회가 제정한 경기조건

c. 위원회가 33-8a와 부칙 1에 따라 만든 로컬룰
d. 부칙 2와 3의 클럽과 볼에 관한 규격

사 이드(Side)

편이란 1명의 플레이어 또는 파트너인 2인 또는 그 이상의 플레이어를 말한다.

스 탠스(Stance)

플레이어가 볼을 치기위하여 발을 제 위치에 정하고 섰을 때 스탠스를 취한 것으로 한다.

정 규 라운드(Stipulated Round)

정규 라운드란 위원회가 따로 정하지 않으면 홀의 순서에 따라 코스의 여러 홀을 플레이하는 것을 말한다. 정규 라운드의 홀수는 위원회가 적게 정하지 않으면 18홀이다.

타 (Stroke)

스트로크란 볼을 쳐서 움직일 의사를 가지고 채를 앞으로 보내는 동작을 말한다. 그러나 클럽 헤드가 볼에 닿기 전에 플레이어가 스스로 다운 스윙을 멈췄을 때는 스트로크를 하지 않은 것이다.

교체된 볼(Substituted Ball)

바꾼 볼이란 인플레이의 원구, 분실된 원구, OB에 들어간 원구 또는 집어 올린 원구 대신 인 플레이가 된 볼을 말한다.

티(Tee)

티란 땅에서 볼을 높이 올려놓기 위하여 디자인된 장치를 말한다. 그 길이는 101.6mm(4인치)보다 길어서는 안 되며 또 그것이 경기선을 가리키거나 볼의 움직임에 영향을 줄 수 있도록 고안되거나 제조되어서는 안된다.

티잉 그라운드(Teeing Ground)

티잉 그라운드란 경기를 할 홀의 출발 장소를 말한다. 이것은 두 클럽 길이를 세로 길이로 하고 2개의 티마커의 바깥쪽을 전면과 측면으로 하는 직사각형이다. 볼 전체가 티 밖에 있으면 그 볼은 티 밖에 있는 것이다.

스루더 그린(Through the Green)

스루더 그린이란 다음 구역을 제외한 코스의 전구역을 말한다.

 a. 경기를 하고 있는 홀의 티잉 그라운드와 퍼팅 그린
 b. 코스의 모든 해저드

워터 해저드(Water Hazard)

워터 해저드란 코스에 있는 바다, 호수, 연못, 강도랑, 지상 배수로, 뚜껑이 없는 수로와 이와 비슷한 곳을 말한다.

워터 해저드의 경계안의 모든 땅이나 물은 워터 해저드의 일부이다. 워터 해저드의 경계는 수직으로 위와 아래로 연장된다. 워터 해저드의 경계를 표시하는 말뚝과 선은 해저드 안에 있는 것으로 하며 그 말뚝은 장해물이다. 볼이 워터 해저드 안에 있거나 그 일부가 워터 해저드에 접촉하고 있으면 그 볼은 워터 해저드에 있는 것으로 한다.

주 : ① 워터 해저드를 표시하기 위해 사용되는 말뚝이나 선은 노란색이어야 한다. 워터 해저드를 표시하기 위해 말뚝과 선을 같이 사용 했을 때는 말뚝은 해저드임을 표시하고 선은 해저드 경계를 표시한다.
② 위원회는 워터 해저드 안의 환경 보호 구역에서 플레이하는 것을 금지하는 로컬 룰을 제정할 수 있다.

오구(Wrong Ball)

오구란 다음에 명시된 플레이어의 볼 이외의 모든 볼을 말한다.
a. 인 플레이 볼
b. 잠정구
c. 스트로크 플레이에서 경기규칙 3-3이나 경기규칙 20-7b에 따라 친 제2의 볼

그리고 다음과 같은 볼은 포함된다.
d. 다른 플레이어의 볼

e. 버려진 볼

f. 더 이상 인 플레이 볼이 아닌 플레이어의 원구

> 주 : 볼을 바꾸는 것이 허용되든 안되든 상관없이 인플레이 볼과 교체된 볼도 인플레이 볼로 간주된다.

사용하지 않는 퍼팅 그린(Wrong Putting Green)

사용하지 않는 퍼팅 그린이란 경기를 하고 있는 홀의 퍼팅 그린 이외의 모든 퍼팅 그린을 말한다. 위원회가 따로 규정하지 않으면 이 용어는 코스의 연습용 퍼팅 그린이나 피칭 그린이 포함된다.

제3부 경기 규칙
(The Rules of Play)

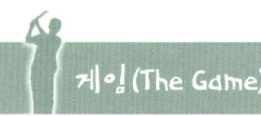
게임 (The Game)

1 | 잃어버린 볼을 홀 속에서 발견

Q 퍼팅 그린이 조금 높은 곳에 위치한, 홀이 잘 보이지 않는 파 3홀에서 티샷 한 볼이 그린을 넘어 숲 속으로 들어간 것 같았다. 잠정구를 치고 나가서 볼을 찾아보았으나 찾을 수 없어서 로스트 볼을 선언한 후, 잠정구로 플레이를 하는 도중에 캐디가 홀 속에서 원구를 찾은 경우.

A 플레이어의 스코어는 1이다.
그 홀의 플레이는 최초의 볼이 홀 속으로 들어간 시점에서 끝났기 때문이다. 친 볼을 찾지 못하여 분실구로 선언하고 다른 볼을 플레이하는 도중에 최초의 볼이 홀에 들어가 있는 것을 발견한 경우에는, 원구가 홀에 들어간 시점에서 그 홀의 플레이는 이미 끝나 있는 것이므로 분실구로 선언한 것과 아무 관계가 없고 또 그 후에 친 볼에 대한 벌도 없다.

2 캐디가 홀 인된 볼을 꺼내도 되는가

Q 어제 새벽에 끝난 미국 LPGA 맥도널드 시합을 TV에서 보면서 의문이 생겼다. 연장 첫 번째 홀에서 아깝게 박지은 선수가 졌지만, 소렌스탐 선수가 파 퍼트를 하고 좋아 깡충깡충 캐디와 기쁨을 나누면서 홀 속에 있는 볼을 캐디가 꺼내는 것을 보았다. 홀 인된 볼을 선수가 아닌 다른 사람이 꺼내도 되는가.

A 홀에 들어가 있는 볼은 홀 아웃이 된 상태이기 때문에 누가 꺼내도 상관없다.

3 | 퍼팅 선을 밟은 경우

Q 퍼팅 그린에서 동반 경기자가 자기의 퍼팅 선을 밟았다. 벌타는.

A 우연히 밟았을 경우에는 벌이 없다. 그리고 퍼팅선이 손상되었으면 벌 없이 원 상태대로 복구할 수 있다.

그러나 고의로 자기 퍼팅 선을 밟아 상태를 좋게 개선하였거나 남의 퍼팅 선을 밟아 상태를 나쁘게 하였으면 2벌타를 받게 되며, 그 정도가 심하다고 판단되는 경우 실격될 수도 있다.

4 퍼팅 한 후에 다른 사람이 깃대를 치운 경우

Q 플레이어가 깃대를 빼어 홀 뒤에 던져 놓고 퍼팅을 하였다. 그러나 친 볼이 너무 세어서 깃대에 맞을것 같아 동반 경기자가 깃대를 치워준 경우의 벌타 여부.

A 볼이 움직이고 있는 동안 볼의 움직임에 영향을 미칠 우려가 있는 장해물을 치웠기 때문에 치운 동반 경기자가 2벌타를 받게 된다. 플레이어는 벌이 없다.

5 휴대폰이 울려 샷을 잘못한 경우

Q 티샷을 하려고 백스윙을 하는 도중 갑자기 휴대폰이 울리는 바람에 플레이어가 미스 샷을 한 경우 다시 칠 수 있나.

A 다시 칠 수 없다.
치려는 도중에 다른 볼이 굴러 왔다든지, 백이 넘어 졌다든지 또는 옆 사람이 제채기를 하는 등의 정신을 산만하게 하는 일은 코스에서 언제나 일어날 수 있는 일이므로 플레이어로서는 이를 감수해야 한다.

★ 매년 열리고 있는 한국 LPGA 프로테스트에 최근에는 중국 일본 미국 등지에서 외국 선수들이 제법 많이 도전하고 있다. 대부분의 실력이 아직은 좋은 성적을 내기엔 역 부족인 경우가 많으나 무척 고무적인 사실임에 틀림없다.
2005년 프로테스트 때 미국 사람으로는 처음으로 D라는 여자가 한국에 와서 도전을 하였다. 첫날 그녀는 73 타로 상위에 들고 또 미모이어서 TV 에서 인터뷰를 하는 등 인기가 짱이었으나 둘째 날과 셋째 날 성적이 좋지 못하여 결국 떨어지고 말았다.
그런데 이 선수와 함께 플레이한 우리나라 선수들이 동양 예의지국의 모범을 보여서 지나친 친절을 베푼 것이 탈이 났다. 마지막 날 썬 힐 CC 썬 코스 6번 파 4홀에서 그녀의 티샷이 몹시 감겨 볼이 OB 쪽으로 날아갔다. D가 다른 볼을 티에 올려놓고 아무런 말없이 다시 샷을 하려하자 옆의 우리나라 선수들이 샷을 중지시키려 급하게 소리를 쳤다. 그러나 이미 때는 늦어 D는 그대로 샷을 하였다. 놀란 나머지 그 샷은 크게 미스가 되고 말았다.

잠정구라는 말을 하지 않고 치면 원구는 비록 OB가 아니더라도 분실구로 처리되기 때문에 안타까운 마음으로 우리나라 선수들은 그 뜻을 알리려 하였으나, 그녀는 그러나 자기의 첫 샷이 OB가 분명했으므로 아무 언급 없이 제3타 째를 치는 것인데 한국선수들이 자기의 플레이를 방해하는 것으로 오해한 것이다. 기분이 나빠진 D는 다음 홀 부터 샷이 잘 안되어서, 한국 선수들과 계속 옥신각신 하게 되었다. 서로 설명을 하여 이해시키려 했으나 의사소통이 되지 않으니 양쪽에 더 큰 트러블이 생기게 된 것이다. 스코어 접수시에 그는 불만을 털어 놓으며 그 홀에서의 트리플 보기를 보기로 정정해 줄 것을 요청하기에 이르렀다.

물론 자세한 설명으로 그녀의 오해는 풀렸으며 또 고맙다는 말과 함께 내년에는 연습을 많이 하여 다시 도전하겠다는 약속을 하고 돌아갔으나, 처음 온 미국 사람에게 호의를 베푼다는 것이 오히려 해를 끼친 결과가 되고 말았다.

6 | 드롭 후에 움직이고 있는 볼을 집은 경우

Q 드롭한 볼이 두 클럽을 벗어나지 않았는데 캐디가 움직이고 있는 볼을 집어 올리면 어떻게 되는가.

A 경사가 심하여 드롭한 볼이 두 클럽 이상 굴러 갈 것이라는 판단 하에 캐디가 조급하게 행동하여, 두 클럽을 벗어나기 전에 그 볼을 정지시켰을 경우에는 플레이어가 2벌타를 받는다. 그러나 드롭 한 볼이 두 클럽 길이 이상 굴러가서 재 드롭해야 하는 위치에 도달한 이후에 캐디가 볼을 정지시키는 것은 괜찮다.

★ 2002년 한솔 레이디스 오픈이 열린 오크 밸리 CC 17번 홀에서 C 선수가 친 티샷이 래터럴 워터 해저드에 빠졌다.
그가 1벌타를 받고 워터 해저드 경계를 넘은 지점에서 드롭 한 볼이 경사를 따라 물 쪽으로 굴러 가는 도중에 그의 캐디가 볼을 잡아 올렸다. 잡은 지점이 볼이 땅에 떨어진 곳에서 두 클럽을 벗어나지 않은 지점으로 판정되어 그는 2벌타를 추가로 받았다.
2006년 미국 PGA 시합에서 시즌 초반에 2승째를 올리고 있는 호주의 애플비 선수도, 2005년 미국 PGA시합 도중 드롭 한 볼이 두 클럽 길이 이상 굴러가기 전에 그의 캐디가 볼을 잡는 실수를 범하여 2벌타를 받았다.
그러면 벌타를 받은 후 그 다음의 플레이는 어디서 해야 하는가.
캐디가 정지시킨 지점에 볼을 놓고 다음 플레이를 계속하면 된다.

7 굴러온 볼을 뒤로 쳐 보낸 경우

Q 뒷 조에서 친 볼이 굴러와 플레이어를 맞힐 뻔 하였다. 화가난 나머지 그는 뒤쪽을 향하여 그 볼을 쳐 보낸 경우에 연습을 한 것으로 벌을 받아야 하는가.

A 이런 경우에는 연습을 했다거나 오구를 친 것으로 간주하지 않고 형평의 이념에 따라 2벌타의 일반적인 벌을 받게 된다.

8 뱀 옆에 있는 볼

Q 여름에 골프를 하다보면 가끔 뱀이나 벌집 근처에 볼이 떨어져 있어서 그냥 치기에는 위험한 경우가 있다. 그때의 처리 방법.

A 그 위험을 피하고 볼이 놓여 있는 곳에서 가까운 장소로서 홀에는 가깝지 않은 지점에 볼을 드롭하면 된다. 원구를 회수할 수 없을 때는 다른 볼로 플레이해도 괜찮다.

보기를 치는 법

평소에 스코어를 잘 속이는 친구가 이번에는 깊은 러프에서 볼을 개패듯이 때리더니 홀을 마치고 나서 보기를 쳤다고 한다. 같이 치던 친구들이 열을 받았다.

- 야, 너 정말 민 하게 놀지마. 우리가 다 알아. 저 러프에서 친 것만 5개는 된다.
- 너희들이 멀리서 보니까 그렇지 사실은 두 번 연습 스윙하고 세 번은 뱀을 때리느라고 그런 거야.
- 그래. 가보자. 정말 뱀을 잡았나 가보자구.
- 잡긴 왜 잡아. 빨리 도망가라고 땅을 때렸지.

9 | 짧은 퍼팅을 양보했는데도 볼을 쳤다가 홀에 들어가지 않은 경우

Q 상대방에게 짧은 거리의 퍼트를 양보하였는데 집어 올리지 않고 쳤다가 볼이 홀에 안 들어 간 경우.

A 매치 플레이에서는 짧은 거리의 퍼트가 남아 있을 경우에 언제든지 상대방이 다음 타로 홀 아웃한 것으로 인정해서 그 퍼트를 양보할 수 있다. 플레이어가 양보를 했을 때 상대방은 그것을 거절할 수 없으며 또 플레이어는 일단 양보한 것을 취소할 수도 없다.

짧은 퍼트를 양보했는데 상대방이 퍼팅을 하여 안 들어가도 이미 양보를 했으므로 문제가 되지 않는다.

스트로크 플레이에서는 아무리 짧은 거리의 퍼팅이 남아 있다 하더라도 반드시 홀 아웃을 해야 하며 따라서 그런 양보(concession of next stroke)가 있어서는 안된다. 또 짧은 퍼팅을 면제해 주기로 합의해서도 안된다.

10 첫 홀을 모두 보기로 적은 경우

Q 친구와 함께 골프를 칠 때 '몸이 아직 풀리지 않았으니 첫 홀에서는 모두 보기를 친 것으로 하자' 합의하고 나머지 홀을 진행하는 경우가 있다. 이런 경우에 적용되는 정확한 규칙은.

A 실제로 파 이하를 친 사람이 보기로 적는 것은 괜찮으나 더블보기 이상을 친 사람이 보기로 적었다면 경기 실격이다. 또 모든 플레이어가 그렇게 하기로 합의를 했다면 모두 다 실격 처리되어야 한다.

한 홀의 스코어가 5인 것을 마커가 잘못하여 4로 적어 그대로 제출하면 경기자는 실격되나 이와 반대로 실제보다 많은 6으로 기록했으면 그대로 인정된다.

멀리건

공식 시합에서는 없는 것이지만 친구들과 골프할 때 첫 홀에서 티샷을 잘못 치면 흔히들 '멀리건'을 달라고 하여 벌을 받지 않고 다시 친다. 그러면 이런 말이 어디서 유래된 것일까. 여기에는 두 가지 설이 있다.

▶옛날 영국 아일랜드에 Mulligan 이라는 사람이 있었다.

그는 소속되어 있는 클럽에 연속 15번 클럽 챔피언을 할 정도로 골프 실력이 특출한 사람이고 또 많은 골퍼들의 절대적인 영웅이며 우상이어서 골프라면 바로 그 사람을 지칭할 정도가 되어 있었다. 골프 규칙이 명문화되어 있지 않은 그 당시에는 그가 말하는 것이 바로 규칙이 되어 버리는 것은 당연한 일.

그런데 그에게는 한 가지 버릇이 있었으며 그것이 바로 첫 홀에서 티샷을 잘못 치면 아무 벌 없이 다시 치는 것이었다. 다른 사람들은 그렇게 하는 것이 규칙인줄 알고 그가 하는 대로 따라하게 되었고 이것이 유래가 되었다는 설이다.

처음 시작한 사람의 이름이 Mulligan이기 때문에 멀리건을 달라 혹은 멀리건을 준다는 말이 생겼다고 한다.

▶ 다른 하나의 설은 1920년대 경제공황 시절 미국에서 유래한 것이라는 주장이다.

경제공황이라 골프장이 한가할 수밖에 없었던 때 뉴욕의 한 골프장에 두 사람이 자주 나와서 골프를 쳤다. 둘이 치니 재미가 없어서 다른 한 사람을 찾아보기로 합의를 하였으나 좀처럼 같이 칠 수 있는 사람을 구하기가 어려웠다. 생각 끝에 라커룸에서 일하고 있는 사람을 끌어 들이기로 하였다. 결국 셋이 좋은 골프 친구가 되어 골프를 즐겼으나 이 친구는 첫 홀에서 티샷을 잘못 치면 항상 '나는 연습할 기회가 없으므로 다시 치게 해 달라'고 졸랐다. 두 사람은 행여 같이 칠 수 없게 될까봐 그 친구의 요구를 받아들일 수밖에 없었고, 이때부터 첫 티샷을 잘못친 사람은 라커룸 친구처럼 다시 치기를 요구하게 되었다.

이것이 다른 클럽으로 퍼지기 시작하였고 또 미국 전 지역으로 번지게 되었다. 이 친구의 이름이 Mulligan이었으므로 벌을 받지 않고 다시 치는 것을 멀리건이라고 하게 되었다는 설이다.

11 | 처리 방법을 몰라 두개의 볼을 치는 경우

Q '2005 이동수 F&G컵' 아마추어 시합 때 비 에이 비 스타 CC에서 한 선수가 화단에 들어가 있는 볼을 그대로 치고 또 한 볼은 옆에 드롭하고 치는, 투 볼 플레이 하는 것을 보았다. 어떤 경우에 그렇게 하는 것이며 또 어떻게 처리가 되는가.

A 한 홀의 경기 중에 플레이어가 자기의 권리나 볼의 올바른 처리방법에 의문이 생기면 벌 없이 두 개의 볼로 그 홀을 끝마칠 수 있다.

의심가는 상황이 생기면 다음 행동을 하기 전에 플레이어는 마커나 동반 경기자에게 두 볼을 치겠다는 의사와 규칙에 맞으면 어느 볼의 스코어를 선택하겠다는 뜻을 통고해야 한다. 또 스코어 카드를 제출할 때 두 개의 볼로 플레이한 사실을 위원회에 보고하여 판정을 받아야 한다.

위의 케이스는 화단에 들어가 있는 볼이 구제를 받을 수 있는지 없는지가 확실하지 않아서 원구는 있는 그대로 치고, 다른 볼로는 구제를 받아 드롭하고 친 경우이다. 후에 위원회에서 그곳은 구제가 안되는 곳으로 판정을 하였으므로 원구를 친 스코어가 채택이 되었다.

12 | 원구를 친후에 투 볼 플레이를 하겠다고 선언

Q 래터럴 워터 해저드에 들어가 있는 볼을 치려는데 빨간 말뚝이 스윙에 방해가 되어 플레이어는 말뚝을 피하여 플레이하였다. 그 후에 그는 말뚝을 제거하고 칠 수 있다는 생각이 들어서 동반 경기자에게 통고하고 말뚝을 제거한 후에, 최초의 볼을 플레이 한곳에 제2의 볼을 드롭하고 플레이하였다. 이런 경우에는 어떻게 판정하는가.

A 볼의 처리 방법을 몰라서 2개의 볼을 칠 때는 (투 볼 플레이를 하고자 할 때는) 치기 전에 그 뜻을 미리 통고한 후에 플레이를 해야 한다. 아무 말 없이 원구를 쳤다가 그 후에 구제 받을 수 있다는 생각이 들어 투 볼 플레이를 하겠다는 것은 허용되지 않으며 이 경우 최초의 볼로 낸 스코어가 채택된다. 그러나 플레이어가 제2의 볼을 플레이한 것에 대한 벌은 없다.

13 | 원구를 치는 대신 제2의 볼을 먼저 플레이

Q 제2의 볼을 플레이(투 볼 플레이) 할 때 원구를 먼저 치는 대신 제2의 볼을 먼저 치고 원구를 나중에 쳐도 되는가.

A 괜찮다.

골프의 명언들

▶소크라테스 - 네 자신을 알라.
내 실력을 알고 그 이상의 기적을 바라는 샷은 하지마라. 평소대로 샷을 할 것이며 새로운 샷을 시도해서는 안된다. 다른 곳에서 보다 특히 골프에서의 기적은 일어나지 않는다.

▶톰 왓슨 - 샷이 안된다고 사람들이 말하는 것을 모두 듣게 되면 실패만 남는다.

▶괴테 - 언젠가는 목적지에 도착하겠지 하는 식의 걸음 걸이어서는 안된다.
일보 일보가 바로 종점이어야 하며 일보마다에 가치를 지니도록 해야 한다.

14 | 볼을 치우도록 요구받고도 치우지 않으면

Q 퍼팅 그린에서 플레이어의 볼이 동반 경기자의 퍼팅선과는 관계없는 먼 곳에 놓여 있는데도 치워 줄 것을 요구하였다. 그런 요구는 거절할 수 있는가.

A 거절해서는 안된다.
자기의 퍼팅 선상이 아니더라도 눈에 거슬리는 곳에 볼이 있으면 치워 줄 것을 요구할 수 있으며, 그런 요구를 받으면 반드시 마크하고 집어 올려야 한다. 만일 그의 퍼팅 라인과는 관계가 없다든지 이곳으로 치면 되지 않느냐는 이유를 내세워 치우는 것을 거절하면 규칙 준수의 거부로 실격 될 수 있다.

15 칩퍼의 사용 여부

Q 정규 시합에 칩퍼(chipper)를 사용할 수 있는가.

A 사용할 수 있다. 칩퍼도 규격에 맞게 제작된 것이면 다른 골프채와 함께 사용이 가능하다.

★ 언제 어떻게 하여 14개의 채만을 사용할 수 있도록 규칙이 정해 졌는가.

영국 사람들은 애초부터 5-7개의 채만을 사용하여 골프를 즐겼고 반면 미국 사람들은 가능한 한 많은 채를 가지고, 심지어 30개 이상을 가지고 골프를 쳤다고 한다.

차츰 골프가 대중화 되어가고 시합의 수가 많아지자 클럽의 개수를 제한하고 통일할 필요를 느끼게 되었다. 캐디가 운반할 수 있는 한계와 그의 보호, 그리고 골프는 채의 성분을 세분화하는 것보다는 사람의 기술로 쳐야 한다는 관점에서, R&A와 USGA 양대 협회가 1938년 합의하여 지금의 14개로 제한하게 되었다고 한다.

16 클럽에 납을 부친 경우

Q 라운드 출발 전에 납 테이프를 클럽 헤드에 부착할 수 있는가.

A 부착할 수 있다.
무게 조절을 위하여 라운드 전에 클럽 헤드에 부치는 것은 괜찮으나 라운드 중에 부쳐서는 안 되며 또 부쳤던 것을 라운드 도중에 떼어내도 안된다. 위반은 실격.

테이프나 거즈를 라운드 전에 그립에 감는 것은 괜찮으나 이것 역시 라운드 중에 감았던 것을 풀거나 새로 감으면 안된다. 또 그립이 비 때문에 젖었다고 라운드 중에 교체할 수 없다.

그러나 수건을 그립에 감는 것은 괜찮다.

골프의 명언들

▶**잭 니콜라우스** - 특히 물에 잘 빠뜨리는 사람들은 스윙을 천천히 하도록 노력하라.
사람이란 불안에서 빨리 도피하고 싶어 하는게 본능이다. 잘 안될수록 어서 치고 어서 결과를 보고 싶어 한다. 빨리 치려는 심리에는 다소 공포심이 깔려 있는 것이다.

▶**손자병법** - 내기를 할 때는 꼭 이겨야 되겠다는 생각을 하지 마라.
상대를 이길 것이 아니라 상대로 하여금 지도록 게임을 풀어 나가는 것이 옳은 방법이다. 승리의 지름길은 잘 치려는데 있는 것이 아니고 안전하게 게임을 운영하는데 있다.

17 손상된 채의 교체

Q 클럽을 14개를 가지고 출발하였는데 플레이 도중 망가진 채는 바꿀 수 있는가.

A 일단 가지고 나간 채는 정상적인 플레이 과정에서 손상을 입은 것은 교체가 가능하나 그렇지 않은 것은 교체할 수 없다.

정상적인 플레이 과정이란 스트로크 하는 것, 연습스윙 또는 연습 스트로크, 골프백에 클럽을 뽑거나 넣는 것, 볼을 찾거나 회수할 때 클럽을 사용하는 것, 기다리고 있는 동안 클럽에 기대고 있는 것, 또는 우연히 클럽을 떨어트리는 것 등이 포함되며 정상적인 플레이 과정이 아닌 것은 화가 나서 또는 다른 이유로 클럽을 집어 던지는 것, 스트로크를 하거나 연습스윙이 아니고 클럽으로 땅이나 나무 등을 의도적으로 내려치는 것 등이다.

출발할 때 가지고 나갈 수 있는 클럽의 수는 14개가 한도다. 그 14개의 종류는 플레이어 마음대로 정할 수 있다. 예를 들면 다른 채 대신 퍼터나 웨지를 2개씩 가지고 나가도 된다.

★ 미 메이저 대회에서 우승한 적이 있는 우리나라의 P선수가 2002년 미국 LPGA 하와이 오픈에서 벙커에 있는 볼을 퍼터로 쳐서 빼어 내려다 그 탈출이 만족스럽지 못하자 퍼터로 자기 구두 밑을 내려치는 바람에 퍼터헤드가 망가졌다. 그 후 그 선수는 나머지 홀에 퍼터를 사용하지 못하고 다른 채로 퍼팅을 하여서 그날의 경기를 끝마쳤으나 성적이 좋지 않았음은 물론이다.

★ 레이크 사이드에서 열렸던 LG 카드 경기 때 B선수가 2번째 홀에서 짧은 퍼팅을 놓치고 난후 그린 밖으로 걸어 나오다 화가 난 나머지 퍼터로 땅을 내려 쳐서 퍼터 헤드가 떨어져 나갔다. 그 홀 이후에 그는 3번 우드로 퍼팅을 하다가, 8번 홀부터는 갤러리 한 사람이 가져다준 새 퍼터를 사용하여 그날 경기를 끝마쳤다. 규칙 위반이 아니냐는 클레임이 있었으나 그가 처음에 가지고 나간 채가 13개이었기 때문에 아무 문제가 되지 않았다.

18 | 잃어버린 채의 교체

Q 14개의 클럽을 가지고 라운드를 출발한 플레이어가 그의 퍼터를 전홀 어디인가에 놓고 와서 잃어버린 경우 교체가 가능한가.

A 플레이중 잃어버린 채는 교체할 수 없다.

골프의 결점은

2005년 제1회 평양 골프 대회가 열리기 한 달 전인 7월말 시합 준비 차 평양 골프장을 방문하였다.

북측에서는 골프장 지배인과 코스 관리자이외에 언제나 그렇듯이 안내원 두 명이 따라 나와서 첫 홀부터 행동을 같이 하게 되었다. 처음에는 골프가 그들에게는 생소한 운동이어서 호기심도 있고 또 내가 무엇을 하는 것인가에 관심이 있었겠지만, 이내 시들해지며 지루해 하기에 후반에 가서는 골프를 가르쳐 주기로 마음먹었다.

그립 쥐는 방법과 하프 스윙을 시범을 보이고 또 퍼팅 하는 방법을 가르쳐 준 후에, 한 사람은 7번 또 한 사람은 8번 아이언만으로 볼을 치며 따라 오도록 시켰다. 처음에는 볼을 못 맞히고 허공만 가르더니 차츰 제법 볼이 뜨게 되고 또 두 사람이 경쟁적으로 열심히 하니까, 나중에는 퍼팅그린에서 몇 번 만에 홀에 넣었냐고 떠들며 아주 재미있어 하였다.

물론 그 다음날은 온몸이 쑤신다고 하면서도 첫 홀부터 자기들 끼리 누가 더 잘하나 내기 아닌 내기가 붙은 것은 말 할 것도 없다.

골프의 큰 결점은 그것이 누구에게나 너무 재미있다는데 있는 것 같다.

19 | 라운드 중 채의 보충

Q 출발할 때 13개의 채를 가지고 라운드를 시작하였는데, 라운드 중 퍼터를 잃어버렸을 경우 보충할 수 있는가.

A 14미만의 채를 가지고 출발했을 경우에는 라운드 도중에 언제라도 14개를 넘지 않는 범위 내에서 어떤 채든 새로 보충할 수 있다. 따라서 새 퍼터를 보충해도 된다. 만일 12개의 채로 출발하였다면 라운드 중 2개의 채를 더 보충 할 수 있다.

20 | 초과한 수의 채를 가지고 플레이

Q 15개의 채를 가지고 플레이한 것을 8번 홀에서 발견한 경우 벌타는.

A 초과한 클럽을 가지고 플레이 한 것이 8번홀에서 발견되면 위반한 홀이 8개 홀이지만(홀당 2벌타) 최고한도 4벌타만 가산한다. 스코어 카드에는 1번 홀과 2번 홀에 각각 2벌타를 추가 기록한다. 이런 경우에 벌타는 16개든 17개든 초과된 채의 수에 관계없이 똑같다.

플레이어는 초과된 것을 아는 즉시 마커나 동반 경기자에게 그 사실을 알리고 휴대한 그 채를 사용하지 않겠다고 선언해야 하며, 남은 홀에 그 채를 사용해서는 안된다. 위반은 실격.

★ 2003년 제주도 핀크스 CC에서 있었던 한일 대항전 첫날 매치 플레이에서 우리나라의 S 선수가 16개의 채를 가지고 출발한 것이 4번 홀 중간에서 발견되어 2홀 패의 벌을 받았다.(매치 플레이는 최고 2홀의 패)
그는 전날 바람이 몹시 불면 사용하라고 아는 사람이 선물한 드라이빙 아연 2개를 처음 연습 해본 후에 그냥 백 속에 넣어 놓았다가 시합 날 아침에 빼 놓는다는 것을 깜빡하였고 또 캐디가 확인을 하지 않은 채 그냥 메고 나온 것이다. 결국 그는 그 벌을 극복하지 못하고 첫날 일본 선수에게 패하였다. 그는 그러나 다음날 스트로크 플레이에서는 안정을 되찾아 그의 명성에 걸맞게 언더 파를 친 유일한 선수가 되었고 결국 MVP 상을 받았다.

★ 2005년 레이크 사이드 오픈 때 P선수가 첫날 첫 번째 홀의 퍼팅그린에서 퍼터 한 개가 더 있는 것을 발견하여 (연습그린에서 연습하던 퍼터를 그냥 백에 넣었다함) 스스로 2벌타를 받았다. 그러나 그는 심기일전하여 그날의 데일리 베스트를 기록하는 저력을 발휘하였다.
경기가 끝나고 인터뷰에서 그는 첫 홀부터 벌타를 먹어 마음이 상하였지만, 그 다음부터는 욕심을 버리고 마음을 비우니까 오히려 더 잘 되더라고 하였다.

21 | 플레이에 부적합한 볼

Q 미셸 위 선수가 2006년 남자 시합인 미국 PGA 하와이 소니 오픈 때 볼이 긁혀서 바꾸려고 동반 경기자에게 요구했다가 거절당한 예가 있다. 경기에 부적합 볼을 라운드 중 바꿀 수 없는가.

A 바꿀 수 있다.
플레이어는 라운드 중 자기가 치던 볼이 플레이에 부적합하다고 생각되면 그것을 확인하기 위하여 벌 없이 집어 올릴 수 있다.

그러나 집어 올리기 전에 마커나 동반 경기자에게 그 의사를 통고하고 볼 위치에 마크를 해야 한다. 또한 마커 또는 동반 경기자에게 볼을 조사하는 것과 볼을 집어 올리는 것 또 제자리에 놓는 것을 볼 기회를 주어야 한다. 그렇게 하지 않으면 1벌타를 받는다.

볼이 경기에 부적합하다고 판정되면 플레이어는 다른 볼을 원구가 있던 곳에 놓고 플레이 할 수 있으며, 경기에 지장이 없다고 판정이 되면 원구를 제자리에 다시 놓아야 한다. 경기에 부적합한 볼이란 볼이 찢어졌거나 깨졌거나 변형되었을 때이다. 단순히 카트도로에 맞아 긁힌 것은 부적합 볼이 아니다.

미셸 위의 경우는 동반 경기자들이 부적합한 볼이 아니라고 판정하고 본인도 수긍하여 그 볼로 계속 플레이하였다. 그러나 만일 본인이 그래도 부적합한 볼이라고 생각이 들면 경기위원에게 판정을 요구할 수 있다.

22 친 볼이 깨진 경우

Q 친 볼이 깨져 조각 났을 때의 처리 방법.

A 스트로크 한 결과로 볼이 두 조각 이상 쪼개져 떨어져 나간 경우는 그 스트로크를 취소되어야 하며 플레이어는 원구를 쳤던 지점에서 벌 없이 다른 볼을 쳐야 한다.

플레이어의 책임 (Player's Responsibilities)

23 | 출발 시간에 늦게 도착한 경우

Q 오전 8시에 ABC의 순서로 출발하게 오더가 짜여 있었다. 플레이어 C는 8시 3분에 도착하였으나 자기 차례에 티샷을 하는데 지장이 없었다. 이런 경우도 벌을 받아야 하는가.

A 플레이어 C는 8시까지 도착하지 않았으므로 실격이다. 이런 경우에는 치는 순서와 관계없이 8시까지 전원이 도착되어 있어야 한다.

24 플레이어는 자기 캐디로부터 어떤 정보도 얻을 수 있다

Q 4인의 플레이어들이 1인의 캐디를 고용하여 플레이하는 중 한 플레이어가 파 3홀에서 캐디에게, 앞서 플레이한 사람이 몇 번 채를 사용했는지를 물어 보는 것은 규칙 위반인가.

A 규칙위반이 아니다. 플레이어는 자기 캐디로부터 어떤 정보도 얻을 수 있다.

25 | 늦게 도착했으나 티오프 시간을 맞출 수 있는 경우

Q 오전 9시가 티오프 시간인 플레이어가 10분 늦게 도착하였다. 그런데 안개 때문에 출발시간이 지연되어 티오프 시간을 맞출 수가 있는 경우도 실격 처리되는가.

A 아니다.
플레이어의 조가 출발 할 수 있는 상황 이전에 도착하였기 때문에 그는 아무 위반도 하지 않았다.

★ 시합을 하다보면 안개 돌풍 비 등과 같이 자연적인 현상 때문에 애를 먹는 경우가 허다하다. 더구나 그런 날 일수록 교통사고가 많이 생기기 마련이다.

경기도 소재 자유 CC에서 열린 2003년 KLPGA 선수권전에서 안개가 너무 짙어 진행을 못하고 있었다. 걷히는 대로 시작하기로 하고 기다리고 있었으나, 문제는 선수들의 약 1/3이 도착을 못하고 있는 것이다. 근처 고속도로에 큰 교통사고가 나서 한 시간 전부터 차가 꼼짝을 못하고 있다는 정보다.

원칙대로 전부 다 실격 처리하고 시합을 진행하자니 선수가 없다. 그렇다고 안개가 걷히면 TV 중계시간과 일몰 시간 등을 고려할 때 바로 스타트를 안 할 수도 없는 그런 상황이었다.

다행이 안개가 빨리 걷히면서 선수들이 속속 도착하여 큰 차질 없이 그날 시합을 끝마칠 수 있었지만, 경기위원회로서는 곤혹스런 경우였다.

26 | 골프 카트에 실려 있는 백에 볼이 맞은 경우

Q 두 플레이어의 백을 전동 카트에 싣고 (1인의 캐디가 운전) 플레이하는 도중에 플레이어 A가 볼을 잘못 쳐서 B의 백을 맞춘 경우도 벌을 받는가.

A 벌을 받는다.
수동이나 자동 골프 카트는 휴대품이다. 카트를 두 명 또는 그 이상이 같이 사용할 때는 카트와 카트 안에 있는 모든 물건은 문제가 생긴 플레이어의 휴대품으로 간주되기 때문이다.(용어의 정의에 휴대품 참조)

27 | 캐디의 규칙 위반은 플레이어의 책임

Q 4인의 플레이어가 1인의 캐디를 고용하여 플레이 하는 중 러프에 있는 플레이어 B의 잠정구를 집는다는 것이 잘못하여 플레이어 C의 인 플레이 볼을 집어 올린 경우.

A 플레이어 C는 1벌타를 받고 그 볼을 제자리에 놓아야 한다. 플레이어는 자기의 캐디가 하는 행동에 대한 모든 책임을 져야 하기 때문이다.

★ 골프 시합 때 캐디의 역할이 플레이어에게 대단히 중요하다는 것은 말할 필요가 없다. 단순히 백을 운반하고 볼을 닦아 주는 것 이외에도 경기에 관한 조언을 해주며 또 말동무도 되어 준다. 따라서 캐디는 플레이어가 궁금해 할 모든 정보를 가지고 있어야 한다. 미국 LPGA시합에 가서 벤치 마킹을 할 때 그리고 매년 제주도 나인브릿지에서 열리고 있는 시합 때에 유명 선수들의 캐디들이 어떻게 선수를 도와주고 있는지 그들의 행동을 유심히 관찰할 기회가 있었다.

대부분의 캐디들은 시합 전에 18홀을 걸어 다니며 이것저것 체크하고 열심히 메모를 한다. 자기 선수의 티샷을 어디에 떨어뜨려야 좋은가, 드라이버를 사용할 것인가, 이 홀은 생각보다 한 클럽 정도 더 잡아야 되는 홀은 아닌가, 한라산 브렉은 어느 정도인가, 이번 시합에는 어느 선수가 참가하지 않으며 또 누가 컨디션이 좋다 등등이다. 심지어 내일 같이 치는 동반 경기자가 입는 옷의 색깔까지 정보를 수집한다.

특히 애니카 소렌스탐의 캐디는 매 홀의 퍼팅 그린을 4등분하여 네 곳마다 평면 계를 던져 놓고 그린의 경사를 측정한다. 깃대의 위치에 따라 퍼팅을 쉽게 하기 위한 공략 지점을 찾는 것이다. 무엇을 하고 있는가 하는 물음에 간단히 대답하고는, 오히려 그린을 몇 mm로 깎을 것인가 또 빠르기는, 그리고 시합 날 바람은 어느 정도 등 게임에 관한 정보를 재빠르게 묻는다. 훌륭한 선수의 뒤에는 훌륭한 캐디가 있다.

★ 2002년도 썬 힐CC에서 있었던 KLPGA 프로테스트 때 위와 같은 사례가 있었다.

첫 번째 홀에서 B가 친 볼이 OB인 것 같아서 잠정구를 친 것이 마침 C의 볼이 떨어져 있는 러프 근처로 굴러 갔다. B의 볼이 OB가 아닌 것을 확인한 캐디는 B의 잠정구를 집는다는 것이 잘못하여 C의 인 플레이 볼을 집는 바람에 C는 억울하게 1벌타를 받은 것이다

다행히 그 선수는 그때 합격하여 후에 웃으며 이런 이야기를 할 수 있었으나 엉뚱한 일이 생길 수 있는 것이 골프다.

28 2인 이상의 캐디를 쓸 수 있나

Q 플레이어가 2인 이상의 캐디를 쓸 수 있는가.

A 안된다. 만일 그렇게 하면 홀 당 2벌타씩 최고 4벌타를 받게 된다.

그러나 경기조건에 금지하고 있지 않으면 플레이하지 않을 때 비나 햇빛을 막기 위하여 우산을 받쳐줄 사람을 고용할 수 있다.

꼴불견 골퍼

골프 다이제스트에서는 다음과 같은 사람들이 동반하여 플레이 할 수 없는 기피형의 골퍼라고 정의하고 있다.
1. 에티켓이나 룰을 전혀 모르고 동반 경기자의 기분을 상하게 하는 골퍼
2. 시도 때도 없이 시끄럽고 크게 떠드는 골퍼
3. 특히 캐디에게 화를 벌컥벌컥 잘 내는 무례한 골퍼
4. 스코어에 얽매어 동반 경기자와 자주 다투는 골퍼
5. 잘 매치되지 않는 아무 옷이나 모자를 쓰는 골퍼

★ 시합 도중 캐디가 카트를 끌고 언덕 위를 올라갈 때 갤러리가 뒤에서 도와주는 경우가 있다. 어쩌다가 한번 도와주는 것은 괜찮으나 계속 그렇게 하면 2인의 캐디를 동시에 사용하는 것으로 간주될 수 있기 때문에 조심하여야 한다.

1997년 남서울 CC에서 열렸던 FILA 오픈에 박세리 선수가 출전한 적이 있었다. 박세리의 플레이를 보려고 많은 갤러리들이 구경을 왔음은 물론이다. 그중 열성 팬 한분이 박세리 선수가 퍼팅하는 동안 그의 카트를 다음 홀 티그라운드까지 옮겨다 주고 또 언덕을 올라 갈 때는 뒤에서 열심히 밀어 주었다. 계속 그렇게 하자 동반 경기자가 경기위원을 불러 위법 여부를 묻게 되었다. 경기위원이 그 사람에게 그렇게 하지 말 것을 권하고 계속 그렇게 하면 박세리 선수에게 벌이 있음을 상기 시켰다.

그 사람은 칭찬을 못해줄 망정 구경도 제대로 못하고 캐디를 도와주는 것을 왜 못하게 하냐고 오히려 화를 버럭 내었다.

29 | 홀의 스코어를 바꾸어 적은 경우

Q 플레이어가 착각하여 각각 파를 기록한 13번홀(파3)과 14번홀(파4홀)의 스코어를 바꾸어 적은 것을 발견하지 못하고 제출하였다. 그러나 총계는 틀리지 않은 경우.

A 플레이어는 13번 홀에서 3타를, 14번 홀에서는 4타를 친 것이며, 스코어 기록은 13번 홀은 4타로 14번 홀은 3타로 스코어를 적은 것이다. 13번 홀에 1타를 더 많이 기록한 것은 그대로 인정되나 14번 홀은 실제로 친 4타를 3타로 기록하여 1타 낮은 스코어를 기록하였기 때문에 실격 처리된다.

★ 호주의 카리 웹 선수가 1997년 그의 전성시대 때 한국 로스 오픈 시합에 초청을 받아 88 CC에서 플레이를 하였다.
많은 갤러리를 몰고 다니며 박세리와 2타차 선두를 유지하고 둘째 날 라운드를 끝마쳤으나, 그는 스코어 카드에 서명을 하지 않고 제출하는 실수를 저질러 실격 처리 되었다.
현재는 스코어 카드에 서명이 없으면 접수를 하지 않기 때문에 그런 불상사가 일어나는 일은 거의 없다.

★ 홀 별 스코어는 정확하나 총계를 1타 낮게 적어 제출 하였을 때는 어떻게 되는가.
이런 경우는 벌이 없다. 경기자는 각홀 별로 기입된 스코어의 정확성에 한하여 책임을 지며 스코어 합산에 대한 책임은 위원회에 있기 때문이다.

★ 2004년 한국 여자프로 협회에 시니어 시합이 출범하였다. 왕년에 이름을 날리던 프로들이 모처럼 필드에 나와 옛 동료들과 어울리며 시합을 즐길 수 있게 되었으니 고참 프로들에게는 참으로 좋은 기회가 생긴 것이다. 그러나 오래간만의 시합인지라 뜻하지 않은 사건들이 속출 하였다.

제1회 대회. 현역 시절 9승의 관록을 자랑하는 M선수가 마지막 날 월등한 실력을 과시하여 2등과의 차이를 6타로 벌리고 여유롭게 18번 홀(파4)에 도착하였다.

그러나 그 홀에서 그의 두 번째 샷이 물에 빠지면서 문제가 생기기 시작하였다. 1벌타 후 드롭하고 친 볼이 온 그린에 실패하였고 또 어프로치 한 볼마저 깃대에 가까이 붙이지 못하여 2퍼트로 홀 아웃 하게 되었다. 결국 7타를 친 것이다.

2등과의 차이가 많았기 때문에 그래도 우승을 확신한 그는 아무 생각 없이 스코어 카드에 서명을 하고, 동료들에게서 원년대회 우승을 축하 받으며 시상을 준비하고 있던 중 날벼락 같은 소식이 전해졌다. 마지막 홀의 스코어가 7인데 그의 마커가 잘못 계산해서 6이라 적은 것을 확인하지 않은 채 그냥 서명을 한 것이다.

스코어의 오기는 시합에서 좀처럼 생기지 않는 일이지만 오랜만에 시합을 하는 선수들이라서 아차 실수를 한 것이다. 억울하게 실격 처리되어 우승을 놓친 그는 심기일전하여 2005년에 결국 우승을 하였다.

30 한 타를 치는데 걸리는 시간의 제한

Q 국내 시합 때 18홀을 끝마치는데 소요되는 시간제한이나 한 타를 치는데 걸리는 시간제한이 있는가.

A 한 라운드를 끝마치는데 소요되는 시간은 골프장의 난이도와 홀과 홀의 이동거리 그리고 전동 카트를 이용 하는지 등의 여부에 따라 달라진다.

공식 시합 때는 위원회에서 홀별로 소요되는 시간을 정하여 놓고 그 기준에 맞추어 진행을 시키고 있다. 일반적으로는 특별한 경우가 아니라면 걷는 것을 기준으로 한 라운드를 끝마치는데 3인조는 4시간 12분이며 4인조는 4시간 30분이다.

공식 시합에서는 자기가 칠 차례부터 샷을 할 때까지 허용되는 시간이 30초다. 그리고 60초 이상일 때는 벌타의 대상이 된다.

★ 경기를 빨리 하는 것은 모든 플레이어의 의무이다.

동반 경기자가 지루하게 느낄 정도로 필요 이상의 시간을 끌어서는 안된다. 걸음을 빨리 걷고 다른 사람이 칠 때 자신도 미리 준비를 해두어야 한다. 또 자기 칠 차례인데도 불구하고 여유가 있는 척 계속해서 옆 사람에게 잡담을 하는 것은 삼가야 된다. 자기 차례부터 샷을 할 때까지 40초 이상이 걸리면 그는 슬로우 플레이어이다.

아마추어나 프로 관계없이 슬로우 플레이어는 골프장에서 환영을 받지 못할 뿐만 아니라 동반 경기자에게서도 기피 인물이라는 점을 명심해야 한다.

31. 라운드를 끝마친 선수가 같은 코스에서 플레이할 선수의 캐디를 할 수 있나

Q 시합 때 오전에 라운드를 끝마친 선수가 같은 코스로 오후에 출발하는 선수의 캐디를 할 수 있는가.

A 할 수 있다.
또 아직 라운드를 시작하지 않은 선수가 이미 끝마친 선수에게서 어떤 홀에서 그가 사용한 클럽에 관하여 어드바이스를 구할 수 있다.

최신 옷 잘 입는 법

▶ **최신 옷 잘 입는 법** – 골프를 친 날이면 언제나 왕성한 힘을 보여 주십시오. 그러면 wife는 당신의 골프 옷에 더 많은 신경을 쓸 것입니다.

▶ **최신 옷 못 입는 법** – 당신이 나를 모르는데 난들 골프를 알겠느냐.

32 | 몇 번 채로 쳤는지 물어보면

Q 플레이어가 치기 전에 먼저 친 동반 경기자에게 몇 번 채로 쳤는지 물어보면 벌을 받는가.

A 벌을 받는다.
동반 경기자가 그 물음에 답하지 않으면 벌이 없으나 대답을 하면 똑 같이 2벌타를 받는다. 몇번채로 쳤는지 물어보는 대신 백 속을 들여다보는 것은 괜찮다. 그러나 들여다보지 못하게 수건으로 백을 덮어 놓은 경우에 그 수건을 들쳐서 보면은 2벌타이다.

이미 지난 홀의 친 샷에 관하여 물어 보는 것은 관계없다. 예를 들면 5번 홀 플레이 하는 도중 4번 홀에서 사용했던 채의 종류를 물어 보는 것은 괜찮다.

★ 미국 PGA투어 켐퍼 오픈에서 호주의 그레그 챌머스 선수는 자기가 클럽을 뽑으면 그 번호를 알려고 동반 경기자의 캐디가 자꾸 기웃거리는 것이 눈에 거슬렸다.
그러다가 파 3홀에서 친 샷이 엉뚱한 곳으로 나가자 화를 참지 못하고 자신이 몇 번 채로 쳤는지 또 엿보는 그 캐디에게 '그래 6번으로 쳤다. 어쩔래. 저리 꺼져'라고 했다가 어드바이스 한 것으로 인정돼 2벌타를 받았다.

33 | 라운드 중 연습

Q 얼마 전 TV중계에서 비 제이 싱 선수가 앞 조가 끝나기를 기다리는 동안 티잉 그라운드에서 퍼터를 가지고 티 마커에 볼을 맞추며 연습하는 모습을 보여 주었다. 규칙 위반이 아닌가.

A 위반이 아니다.
플레이어는 경기를 부당하게 지연시키지 않고 다른 플레이어에게 방해가 되지 않으면 바로 전에 끝난 홀의 퍼팅 그린이나 모든 연습 퍼팅그린 또는 다음 홀의 티잉 그라운드에서 가벼운 연습을 할 수 있다. 그러나 벙커 연습은 할 수 없다.

주의해야 할 점은 대부분의 시합에서는 홀과 홀 사이에 어떤 종류의 연습도 할 수 없도록 로컬 룰로 규정해 놓는 경우가 많으니 시합 전에 반드시 로컬 룰을 살펴 보아야 한다.

★ 연습스윙은 실제로 볼을 치며 연습하는 것이 아니므로 규칙을 위반하지 않으면 코스 어디에서나 할 수 있다. 벙커에서는 채가 모래가 닿지 않도록 해야 하며 워터 해저드 내에 볼이 있을 때는 물이나 땅에 채가 닿지 않도록 해야 한다.

코스에 떨어져 있는 솔방울을 치는 것은 연습으로 보지 않지만 플라스틱 볼을 친 것은 연습으로 간주된다. 또 다른 홀에서 넘어온 볼을 채로 쳐서 넘겨주거나 연습장용 볼을 쳐서 연습장으로 돌려보낸 것은 연습으로 보지 않는다. 그러나 이런 행위도 되풀이 하면 연습으로 간주될 수 있으므로 하지 않는 것이 좋다.

34 언플레이어블 볼을 선언하도록 권하는 것이 어드바이스(Advice)인가

Q 볼의 라이가 나쁜 상태여서 어떻게 칠 것인지 망설이는 동안 동반 경기자가 언플레이어블 볼을 선언하는 것이 어떠냐고 제의를 하는 것은 어드바이스에 속하는가.

A 어드바이스에 속한다. 따라서 동반 경기자는 2벌타를 받으며 플레이어는 그런 말을 할 때 적극적으로 하지 못하도록 저지 하여야한다. 그렇게 하지 않으면 경우에 따라선 플레이어도 같은 벌타를 받을 수 있다.

★ 어떤 것이 어드바이스로 취급되어 벌을 받으며 또 어드바이스가 아닌 것으로는 어떤 것이 있는가.
규칙에 관한 것이나, 해저드의 위치, OB의 위치, 그린의 홀 위치 또는 특정 나무나 벙커에서 그린까지의 거리등을 묻는 것은 조언을 구하는 것이 아니다.
어느 방향으로 치는 것이 좋다든지, 스윙이 너무 빠르다든지, 어깨를 더 돌려라 혹은 그립 잡는 법을 고쳐주는 것, 스탠스 방향을 알려주는 것 또 언플레이어블 볼을 선언하고 치는 것이 유리하다고 말하는 것 등은 어드바이스에 속하는 예들이다.

★ 2006년 스카이 72 CC에서 열렸던 SK 텔레콤 아시아 골프 투어 마지막 날 플레이 중, 최경주 선수가 같은 조의 청각장애 골퍼인 이승만 선수에게 한 말이 조언으로 규칙을 위반을 한 것이 아니냐고 아마추어 몇 분이 문의를 해왔다.

이에 관련하여 신문에 난 기사 내용은 다음과 같다.
"이승만은 이날 2번 홀에서 티샷을 OB내면서 더블보기를 범해 경기 초반부터 흔들렸다. 그때도 최경주는 이승만의 허리를 툭툭 쳐주며 입 모양과 눈짓으로 무언가 말을 전하려 했다. 나중에 최경주가 웃으면서 밝힌 대화 내용은 '힘 빼, 이 친구야. 아무리 힘써도 아직 나만큼은 못 나가' 이었고, 이승만이 이해한 대화 내용은 '마음을 비워, 이것도 좋은 경험이라고 생각해' 이었다"

위의 기사 내용으로 봐서는 최경주가 조언을 했고 이승만이 그 충고를 받아 들였다고 판정하기에는 좀 무리가 있다고 생각한다.
만약 최경주가 "힘 빼, 이 친구야 그렇게 힘을 쓰니 OB가 나지"했고 이승만이 또 수긍을 했다면 분명히 조언을 하고 받은 것으로 두 사람 모두 벌타를 받아야 할 것이다.

35 | 자기가 친 채의 번호를 암시

Q 스트로크를 한 후에 다른 플레이어를 고의로 오도하기 위하여 '내가 5번 아이언을 사용했어야 했는데'라는 식으로 치기 전의 동반 플레이어에게 들을 수 있도록 암시를 하는 것은 규칙 위반이 아닌가.

A 같은 장소에서 플레이하려는 동반 플레이어에게 말하였다면 규칙 위반이다. 그러나 자기 혼자 중얼 거렸으면 괜찮다.

36 | 클럽을 경기선에 맞추어 지면에 놓는 경우

Q 플레이어가 그의 발끝을 정확히 플레이선과 일직선으로 맞추도록 클럽을 지면에 놓고 조정을 한 후에 스탠스를 취하고 그 클럽을 제거하는 것은 허용이 되는가.

A 샷을 하기 전에 그 클럽을 치웠으면 규칙 위반이 아니다.

37 | 캐디가 깃대를 그린에 접촉하는 경우

Q 퍼팅 그린에서 캐디가 퍼팅 선을 가리킬 때 깃대 끝을 그린에 접촉한 경우.

A 플레이어가 퍼팅 그린 위에서 퍼팅할 때 그의 캐디가 퍼팅 선을 가리키기 위하여 손이나 채로 퍼팅 선을 접촉해서는 안되며 또 그림자를 이용하거나 깃대 혹은 발끝을 사용해도 안된다.
 그러나 깃대를 홀 뒤에 대는 것은 괜찮으며 또 그린 밖에서 칩샷을 하려고 할 때는 퍼팅 선을 가리키기 위하여 클럽을 지면에 접촉해도 괜찮다.

★ 현재는 우리나라에서도 골프만을 방영하는 전문 TV 채널이 있어서 거의 매주 골프 경기를 시청할 수 있게 되었고 따라서 시청을 하다가 의문되는 상황을 문의해오는 경우도 많아지고 있다.
문의 내용 또한 상당한 수준에 도달해 있는 경우가 있다. 아나운서의 이런 코멘트가 맞는 말인가, 해설자가 규칙 설명을 했는데 틀린 것 아닌가 또는 오늘 새벽에 중계된 방송에서 벌타를 받는 장면을 보았는데 규칙 몇 조를 위반한 것이냐 등등이다.

피닉스 파크에서 열렸던 제1회 하이마트 시합에서 5명의 선수가 연장전을 치르게 되었다. 18번 홀에서 치러진 연장 첫 홀에서 3명의 선수가 탈락하고 S선수와 H선수 2명만이 다시 겨루어서 결국 S선수가 우승하였다.
시상식이 끝난 직후에 한 시청자에게서 전화가 걸려왔다. 우승한 S선수가 퍼팅할 때 그의 캐디가 퍼팅 선을 가리키면서 깃대를 그린 지면에 대는 반칙을 하였고 따라서 우승은 무효라는 것이다.
중대한 사항이기 때문에 방송국에 비디오 확인을 부탁하고 경기위원을 비롯하여 그 주위에 있던 프로들과 갤러리들에게 자세히 물어 보는 한편, 그 캐디와 또 최종 연장전에 나갔던 선수들에게도 사실 여부를 확인해 보도록 하였다.
TV로 보는 것과 실제와는 차이가 있어서 결국 무혐의로 끝이 났지만 시청자의 제보가 외국 수준에 다다른것 같아서 긴장도 되고 한편으로는 흐뭇한 생각이 들기도 하였다.

38 | 마커가 잘못 알려주어 규칙 위반이 된 경우

Q 마커의 조언에 따라 드롭하고 친 샷이 규칙에 위반되는 경우에 벌을 받는가.

A 벌을 받는다.
마커는 심판원이 아니며 플레이어는 규칙을 알아야할 의무가 있다.

★ 한국 오픈 때 우리나라에 와서 성의 없는 플레이를 하여 빈축을 산적이 있는 닉 팔도가 미국 PGA투어 플레이어스 챔피언십에서 동반 경기자의 말을 믿었다가 실격을 당한 일이 있다.

TPC 6번 홀에서 그의 샷이 나무 숲 속으로 들어갔다. 그는 숲 속에 있는 자기 볼을 확인 할 수 없게 되자 로스트 볼로 생각하고 원위치로 돌아가려는데, 동반 경기자인 코리 페이빈이 우리가 들어간 방향을 보았으니 그 볼을 언플레이어블 볼로 선언하고 그 옆에 드롭하고 쳐도 되지 않겠느냐고 말했다. 팔도는 그의 말대로 나무 옆에 새 볼을 드롭하고 플레이를 계속하였다.

다음 홀 플레이중 경기위원이 팔도에게 다가와서 전 홀에서 숲 속에 들어간 볼이 본인의 볼임을 확인하였느냐고 물었다. 아니다 라고 답하자 그러면 분실구로 처리해야 하며 따라서 원위치에 가서 쳐야 했음에도 불구하고 나무 옆에서 친 것은 중대한 오소(誤所) 플레이에 해당되기 때문에 실격이라는 판정을 하였다.

동반 경기자의 조언을 들은 것도 잘못이지만 그가 다음 홀에서 티샷하기 전에 그 잘못을 알고 시정을 하였으면 벌타로 끝날 수 있는 일이었다.

 치는 순서(Order of Play)

39 | 순서를 어기고 플레이

Q 퍼팅 그린을 향하여 어프로치를 하려는데 그린에 더 가까이 있는 동반 경기자가 순서를 어기고 먼저 샷을 했을 경우.

A 플레이어들의 티샷이 끝난 후에는 홀에서 가장 먼 곳에 있는 볼부터 먼저 치는 것이 원칙이나 순서를 어겼다고 해서 벌이 있는 것은 아니다.

퍼팅 그린에서 홀 가까이 있는 볼을 마크하는 대신 먼저 홀 아웃할 수 있다.

★ 한 볼은 온 그린이 되어 있고 다른 볼은 벙커에 들어가 있는 경우에, 온 그린 되어 있는 볼이 홀에서 더 멀리 떨어져 있으면 그 볼부터 먼저 치는 것이 순서이다. 치는 순서는 홀에서 어느 볼이 더 멀리 떨어져 있느냐에 따라 결정되며 온 그린이 되어 있는 것과는 관계가 없다.

★ 매치 플레이에서 플레이 순서를 잘못했어도 벌이 없는 것은 스트로크 플레이와 같으나 상대방이 다시 치도록 요구할 경우에는 그 타를 취소하고 다시 쳐야 한다. 예를 들면 순서를 어기고 친 샷이 너무 잘 나갔을 때는 다시 치도록 요구할 수 있고, 만일 친 샷이 OB가 되었거나 나쁜 장소로 갔을 때는 그대로 인정해도 되는 것이다.

미국과 유럽의 대항전인 솔하임 컵에서 미국 팀의 도티 페퍼와 유럽 팀의 애니카 소랜스탐과의 매치 플레이 도중에 있었던 일이다. 한 홀에서 소랜스탐의 어프로치 샷이 홀 속으로 들어가 버렸다. 그러나 페퍼는 자기의 볼이 그린에서 더 멀리 떨어져 있어서 자기가 먼저 친후에 순서대로 다시 치도록 소랜스탐에 요구를 하였고, 거리를 측정해본 결과 페퍼의 말이 맞았기 때문에 소랜스탐은 그 타를 취소하고 다시 쳐야했다. 물론 다시 친 볼이 또 홀 속에 들어가지는 않았다.

 티잉 그라운드(Teeing Ground)

40 티에서 떨어지는 볼을 쳤을 때

Q 티잉 그라운드에서 티업 한 볼이 티에서 떨어지고 있을 때 미처 정지하지 못하고 치게 되면 벌타가 있는가.

A 벌은 없다.
그리고 그대로 친 한 타만 계산하면 된다. 티잉 그라운드에서 티업 되어있는 볼이 아니고 다른 곳에서 움직이고 있는 볼을 치는 경우에는 2벌타를 받는다.

41 | 티샷을 헛치고 난후에 티를 높여 놓고 친 경우

Q 티샷을 헛쳐서 볼이 티 위에 그대로 놓여 있었다, 티가 너무 낮았나하고 티 높이를 조정한 후에 다시 티샷을 한 경우.

A 헛쳤다 하더라도 그 볼은 인 플레이 볼이다.
헛쳤지만 1타를 친 것이며, 또 인 플레이 볼을 움직이고 제자리에 가져다 놓지 않고 쳤으므로 스트로크와 거리의 벌에 의하여 플레이한 1벌타 합계 2타가 되므로, 다시 샷한 볼은 제 3타째가 된다.

42 | 티잉 그라운드에서 연습 스윙을 하는 동안 볼을 건드린 경우

Q 티잉 그라운드에서 티 위에 볼을 올려놓고 연습 스윙을 하는 동안 잘못하여 드라이버로 볼을 건드려서 그 볼이 옆으로 굴러간 경우.

A 벌은 없으며 그 볼을 다시 가져다 티샷을 하면 된다. 티 위에 있는 볼을 쳐야 비로소 그 볼이 인 플레이 볼이 되기 때문이다. 그러나 일단 티샷을 한 후에는 연습 스윙을 하다가 볼을 건드렸을 경우에 1벌타를 받고 볼을 제자리에 가져다 놓고 쳐야 한다.

★ 티 샷을 한 볼이 잘못 맞아 티잉 그라운드를 벗어나지 못했을 경우에는 볼 뒤의 풀을 밟아 평평하게 하거나 울퉁불퉁한 곳을 고르는 행위가 허용된다.

의사는 골프가 괴로워

골프를 즐기는 의사들은 많으나 잘 치는 의사들은 많지 않다고 한다. 그 이유는 대부분 너무 바쁘기 때문에 연습할 시간이 없어서이다.

골프를 아주 좋아하는 의사가 있었다. 그러나 연습을 할 시간이 없으니 열심히 쳐도 스코어가 줄어들지 않는다.

하루는 그린 옆 벙커에 빠진 볼을 아무리 쳐도 높은 그린 위로 올릴 수가 없어서 하는 수 없이 손으로 볼을 집어 던져 올렸다. 같이 치던 친구가 한마디 했다. '어이 박사님. 벙커샷을 하면 볼과 모래가 같이 올라오는 법이야' 그 의사는 다시 모래를 손으로 움켜쥐고 그린 위로 던져야 했다.

언제나 이런 식이니 짜증이 나고 실증이 날 수밖에.

드디어 그 의사가 '나 그만 둘까봐' 하고 비통한 소리로 말했다.

같이 있던 단골 캐디가 역시 비통한 소리로 위로했다.

'박사님! 아니 골프를 그만 두시겠다는 말씀이십니까?'

그 의사는 자조하듯 대답했다. '아니야, 난 의사를 그만두고 싶어 진거야'

43 | 티 구역 밖에서 친 볼이 OB가 되었을 때

Q 티 구역 밖에서 친 볼이 OB가 되었을 때 벌타와 그 처리 방법.

A 티 구역 밖에서 친 2벌타를 받고 티 구역 안에서 다시 쳐야 한다.

티 구역 밖에서 친 볼은 인 플레이 볼이 아니기 때문에 그 볼이 OB가 된 것 과는 관계가 없다. 티 구역 밖에서 친 볼이 잘 나갔다 하더라도 반드시 티 구역 안 에서 다시 쳐서 시정하여야 한다. 그렇게 하지 않고 다음 홀에서 티샷을 하거나 마지막 홀에서는 그린을 떠나면 실격이 된다.

 ## 볼을 치는 것(Playing the Ball)

44 | 벙커 안에 볼이 파묻혀서 안 보이는 경우

Q 볼이 벙커 안에 파묻혀서 안 보이는 경우 처리 방법.

A 손이나 채 혹은 고무래를 사용해서 볼을 찾을 수 있다.

그러나 그때 모래를 너무 많이 파내거나 볼이 다 보일 때까지 모래를 헤쳐내도 안된다. 그것이 볼인지 아닌지 확인되는 정도까지만 모래를 살짝 치워야한다. 이때 볼을 찾다가 볼이 움직이면 벌 없이 제자리에 가져다 놓으면 되고 또 너무 많이 모래를 치웠을 때는 볼이 조금만 보이도록 다시 모래를 덮어 놓아야한다.

벙커에서는 오구를 쳐도 벌이 없으므로 자기 볼 인지 확인하기 위하여 볼을 집어 올리면 1벌타를 받게 된다.

45 볼에 표시

Q 자기 볼임을 표시할 때 볼에 줄을 한 바퀴 돌려 선을 긋는 것이 위반인지 여부.

A 괜찮다. 볼에 표시는 어떻게 해도 상관이 없다.

★ 시합 때 선수들의 볼을 보면 온갖 표시를 해놓은 것을 볼 수 있다. 이는 문제가 발생 되었을 때 자기를 보호하기 위함이다.
1996년 중부 CC에서 있었던 아놀드 파머 시합 때 일이다. 5번 파5 홀에서 두 번째 샷을 하고 어프로치를 하기 위하여 가보니 두 선수의 볼이 거의 붙어 있었다. 그러나 공교롭게도 두 선수 모두 같은 타이틀리스트 볼 랙, 같은 번호의 볼을 사용하고 있어서 어느 볼이 누구의 볼인지 쉽게 구별하기가 어려웠다. 이런 경우에 서로 자기의 볼을 확인하지 못하면 분실구로 처리될 수밖에 없다.
다행히 그 중 한 선수가 전 홀에서 샷 한 볼이 물에 빠져 새 볼로 플레이했기 때문에, 계속 한 개의 볼을 가지고 첫 홀부터 플레이해온 선수의 볼에 비교해서 새 볼이라는 것을 설득하고 경기위원이 이를 인정하여서 벌 없이 플레이를 계속 할 수 있었다.
지금은 모든 선수들이 자기 볼에 독특한 표시를 하기 때문에 이런 일은 거의 발생하지 않는다.

46 | 깊은 풀 속에 있는 볼을 집어서 자기의 볼 인지를 확인할 수 있나

Q 친 볼을 깊은 풀 속에서 발견하였는데 내 볼인지 아닌지 확신이 서지 않는 경우 집어 올려서 확인할 수 있는가.

A 확인할 수 있다.
이때 주의해야 할 점은 집기 전에 마커나 동반 경기자에게 그 뜻을 알려야 한다. 그리고 그들에게 집어 올리고 확인한 후에 다시 제자리에 놓는 것을 볼 수 있도록 기회를 주어야 한다. 그렇게 하지 않고 볼을 집어 올리면 1벌타를 받는다. 볼을 집기 전에 마크를 해야 하며 집어올린 볼은 닦을 수 없다.

47 | 볼 뒤를 밟아 치기 좋게 하면

Q 스루더 그린에서 볼 뒤를 밟아 지면을 치기 좋게 만들면 벌타는.

A 볼의 라이를 개선하였으므로 2벌타를 받는다.

48 | 백스윙에 방해가 되는 나뭇가지

Q 백스윙을 하는데 방해가 되는 나뭇가지를 캐디에게 시켜 잡고 있게 하는 경우.

A 그렇게 해서는 안된다. 백스윙이나 다운스윙에 방해가 되는 나뭇가지 나뭇잎 또는 긴 풀 같은 것을 플레이어 자신이 꺾거나 구부려서는 안되며 그의 캐디를 시켜서도 안된다. 또 그런 것이 경기선상에 있을 때도 마찬가지이다. 위반은 2벌타.

49 | OB 말뚝을 뽑았다가 다시 꼽고 친 경우

Q 플레이어가 스윙에 방해가 되는 OB 말뚝을 뽑았다가 그가 잘못한 것을 알고 다시 꼽아놓고 샷을 하였을 경우도 벌이 있는가.

A 2벌타를 받아야 한다.

그 말뚝을 뽑은 시점에서 규칙을 위반했기 때문에 다시 원상대로 해놓았다 하더라도 벌을 면할 수는 없다.

★ 2005년 X-Canvas 시합이 열렸던 뉴 서울 CC 파 3인 3번 홀에서 위와 똑 같은 사건이 발생하였다.

미국서 활약하고 있는 H선수의 볼이 OB 말뚝 옆에 떨어졌다. OB 말뚝 때문에 홀을 향하여 스윙하기가 어려운 상황이라 그는 아무 생각 없이 OB 말뚝을 뽑았다가 규칙위반이라는 주위의 말을 듣고 다시 꼽아놓고 플레이를 하였다. 결국 그 선수는 그 홀에서 2벌타를 합쳐 7타를 기록하였고, 말뚝을 다시 원위치 해놓은 후에 플레이를 하였으므로 벌타가 아니라고 항의를 하였으나 받아들여지지 않았다.

다음은 위와 관련하여 그 당시 뉴스에 난 기사의 일부이다.

한국 골프의 신데렐라 H가 아마추어나 범할 법한 룰도 제대로 숙지하지 못한데 이어 깔끔하지 못한 대응과 변명 등으로 구설수에 올랐다.

경기도 광주 뉴 서울CC에서 열린 한국여자프로골프 X-Canvas 여자 오픈 1 라운드 도중 3번홀(파3)에서 티 샷 한 볼이 OB 말뚝 옆에 떨어졌고 백스윙에 걸리자 말뚝을 무턱대고 뽑았다. 2벌타를 받은 그는 경기 직후 경기위원회에 이를 강력히 항의해 빈축을 샀다.

H선수 측이 항의를 한 것은 어차피 OB 말뚝을 뽑아 벌타를 받는 상황이라면 기왕에 뽑은 말뚝을 그대로 두고 좋은 조건에서 샷을 해도 됐는데 경기위원이 말뚝을 제자리에 다시 꽂으라고 해서 말뚝을 꽂고 플레이했다는 것.

이에 대해 경기위원측은 '황당한 주장이다. 갤러리 중에 누군가 말했으면 몰라도 경기위원이 그런 지시를 한 적이 없다'고 반박했다. 볼이 머물러 있던 자리는 말뚝을 뽑는다 해도 촘촘한 나뭇가지가 백스윙에 걸리는 위치였기 때문에 군색한 변명이 아닐 수 없다.

H 측은 또 처음에 '선수가 말뚝을 뽑은 게 아니라 캐디가 실수로 뽑았다'고 주장했다. H 도 실제로 누가 뽑았냐는 질문에 '잘 모르겠다. 기억이 안난다'고 답했으나 경기위원이 'TV 화면에 H프로가 뽑는게 잡혔고 현장에 있던 갤러리들도 지켜봤다'하자 '아, 그럼 내가 뽑았나 보다'라며 그제야 시인하는 떳떳치 못한 모습을 보였다. 선수가 뽑았든 캐디가 뽑았든 벌타를 받는 것은 마찬가지라는 것을 모르는 무지를 드러낸 것이다.

말뚝을 뽑은 이유에 대해서도 그는 '캐디가 물이 나오는 호스 같아 뽑아도 된다고 말해 뽑았다'고 했으나 OB 말뚝이 흔한 한국 코스에서 배우고 플레이 한 그가 그것을 구별을 못했다는 건 손바닥으로 하늘을 가리는 격과 다를 바가 없다는 게 대체적인 견해.

H의 주변인들도 한몫을 했다. 그의 코치라는 인물은 경기위원에게 '당신이 뭐냐. 규정집에 2벌타란 말이 나오느냐 왜 경기 중에 그런 말을 하느냐'며 격한 말을 내뱉었다.

골프는 매너 게임이다. 자신이 저지른 실수에 대해 면피용 발언으로 일관하는 모습에 팬들은 실망하지 않을 수 없다는 걸 명심해야 할 것이다.

50 | 연습 스윙을 하다가 나뭇잎을 떨어뜨린 경우

Q 연습 스윙을 하다가 나뭇잎을 쳐서 떨어뜨리면 무조건 벌을 받는가.

A 무조건 벌을 받아야 하는 것은 아니며 경우에 따라 벌을 받을 수도 있고 안 받을 수도 있다.

나뭇잎을 많이 떨어졌다 하더라도 스윙구역을 개선하지 않았으면 벌이 없고, 나뭇잎 한 개를 떨어뜨렸어도 스윙구역이 개선되었으면 벌을 받아야 한다.

★ 타이거 우즈가 애더슨 컨설팅 매치 플레이때 10번 홀 러프에서 연습스윙을 하다가 나뭇가지와 솔방울을 떨어뜨렸다. 우즈는 즉시 백스윙을 멈췄었는데도 의도하는 스윙 구역을 개선했다는 판정을 받아 그 홀에서 패하였다.

연습 스윙 때 백스윙에 방해가 되는 나뭇가지를 부러뜨렸을 경우 실제로 칠적에는 다른 방향으로 서서 쳤으므로 샷을 하는데 전혀 도움이 되지 않았다 하더라도 2벌타를 받게 된다. 나뭇가지를 부러뜨린 시점에서 규칙을 위반한 것이기 때문이다. 스윙 구역과 상관없는 지역이었다면 벌타가 없었을 것이다.

51 | 나무의 물방울을 흔들어 털어 버린 경우

Q 여름에 소나기가 온 후라 나뭇가지에 물이 많이 스며들어서 그대로 치면 백스윙 때 채가 나뭇가지에 걸려 물방울이 옷에 튈 것 같아, 치기 전에 나무를 흔들어 물방울을 털어 버린 경우.

A 의도하는 스윙구역의 개선으로 2벌타를 받는다.

52 | 티잉 그라운드의 매트

Q 겨울철에 골프장에서 티잉 그라운드의 잔디를 보호하기 위하여 매트 위에서 티샷을 하도록 되어 있는 곳이 많은데 규칙 위반이 아닌지.

A 위반이다. 규칙에서는 스탠스 장소를 만드는 것을 금지하고 있으며 공식 시합에서는 사용할 수 없다.

53 | 백스윙 할 때 채가 모래에 닿으면

Q 벙커 샷을 하려고 백스윙 할 때 채가 모래에 닿으면 벌타인가.

A 2벌타를 받는다.

★ 1987년 미국 PGA투어 앤디 윌리암스 오픈이 열렸던 샌디에고 토리파인GC 13번 홀에서 셋째 날 크레이그 스태들러가 친 볼이 낮은 나무 밑에 들어갔다. 무릎을 꿇고 쳐내어야 했던 그는 밑바닥이 진흙이라서 큰 수건을 깔고 쳤다.

그 다음날 TV 방영이 전날의 하이라이트를 소개하면서 그가 무릎을 꿇고 스윙한 장면을 비쳤는데, 바로 방송국에 그것이 규칙위반이 아니냐는 클레임 전화가 걸려왔다. 결국 수건을 깐 것이 스탠스 장소를 만든 것으로 간주되어 위원회에서는 스태들러의 실격을 발표했다. 수건을 깐 것은 2벌타이지만 전날 스코어 카드에 그 벌타를 포함시키지 않고 제출하였기 때문이다. 그때까지의 스코어에 2벌타를 더해도 3위에 입상하여 4만여 불을 받았을 터인데 그는 수건 때문에 그 상금을 잃은 것이다.

그의 실격 처분에 관하여 방송국이 만 명에게 앙케이드를 실시했던바 '실격이 당연하다'가 5%인데 반하여 '규칙이 지나치다'라는 답변은 95%에 이르렀다.

한편 스태들러는 '규칙은 규칙이다. 규칙을 몰라서 위반한 것은 플레이어 잘못이고 따라서 벌은 받는 것은 당연한 일'이라고 흔쾌히 받아드렸다.

미국 사람들은 이 사건을 타월 게이트라 이름을 붙였다.

54 | 벙커 안에 풀이 나 있는 곳은 벙커가 아니다

Q 벙커 안 풀이 있는 곳에서도 어드레스 할 때 클럽을 땅에 댈 수 없나.

A 댈 수 있다.

벙커 안이나 벙커 턱에 풀이 자란 곳은 벙커가 아니다. 그러나 모래에 풀이 한 두개 나 있는 곳은 벙커이다.

55 | 고무래를 들지 않고 끌고 간 경우

Q 벙커 샷을 하려고 벙커 안으로 걸어가면서 고무래를 들지 않고 끌고 들어간 경우.

A 2벌타를 받는다. 그런 행위는 모래의 상태를 테스트한 것으로 간주된다.

56 | 벙커에서 다른 채를 옆에 던져놓고 샷을 한 경우

Q 벙커에 두개의 클럽을 가지고 들어가서 한 개의 채를 옆에 던져 놓고 벙커 샷을 하면 벌타인가.

A 아니다. 모래 상태를 테스트 하거나, 라이를 개선하지 않으며 또는 치는 방향으로 맞추어 놓지 않는다면 채나 고무래 같은 것을 벙커에 놓을 수 있다.

그러나 모래에 꽂아 놓으면 2벌타를 받아야 한다.

57 벙커 샷을 하려고 스탠스를 취했다가 채를 교체하여 치기로 결정

Q 플레이어가 벙커 샷을 하기 위하여 샌드를 가지고 들어가 발로 모래를 비벼서 단단히 스탠스를 취한 후에, 마음을 바꾸어 밖으로 나와 피칭으로 채를 교체하고 다시 그 자리에 와서 스탠스를 취할 수 있는지.

A 그렇게 할 수 있다.

골프의 주기도문

드라이버 샷은 똑바로 나가서 OB 안나게 해 주시옵고
숲속으로 들어간 볼은 치기 좋은 곳에 있도록 해 주시오며
아이언 샷은 핀에 붙여서 스코어 잘나게 하옵시고
물에 빠지는 볼은 튀어 올라서 그린위로 올라가게 해 주시오며
퍼팅은 쏙쏙 들어가서 돈 왕창 따게 해 주시옵소서

58 | 해저드 안 볼 옆에 있는 나뭇가지를 치우다 볼이 움직인 경우

Q 볼이 해저드 안에 있을 때 볼 옆에 있는 나뭇가지를 치우다 볼을 움직였다. 처리 방법은.

A 볼이 같은 해저드 안에 있을 때에는 해저드내의 나뭇가지나 나뭇잎, 솔방울, 돌 같은 루스 임페디먼트를 치워서는 안된다.

치우면 안되는 나뭇가지를 치운 2벌타와 인 플레이 볼을 움직인 1벌타 합계 3벌타를 받아야 하나, 이 경우에는 단일 행동에 2개의 규칙을 위반한 것이 되기 때문에 무거운 한 개의 벌만 적용되어 2벌타를 받고 그 볼은 제자리에 갖다 놓아야 한다.

만일 볼을 리플레이스하지 않고 플레이하면 추가로 2벌타를 받게 된다.

59 | 다른 사람이 쳐서 생긴 디 봇이 벙커의 볼 옆에 있는 경우

Q 다른 사람이 벙커 뒤에서 칠 때 생긴 디 봇이 벙커에 있는 플레이어의 볼 가까이에 놓여 있는 경우 그것을 치울 수 있나.

A 치울 수 있다.

60 | 다리위에 있는 볼

Q 워터 해저드 안에 있는 다리 위에 놓인 볼을 그대로 치려고 한다. 어드레스 할 때 클럽이 다리에 닿아도 되는가.

A 클럽이 다리에 접촉해도 된다.
워터 해저드 안에 있는 다리는 장해물이며 볼에 어드레스 할 때나 또는 백스윙할 때 클럽이 장해물에 닿아도 괜찮다.

61. 벙커샷 한 볼이 그 벙커를 벗어나지 못했어도 정리를 할 수 있나

Q 벙커에서 친 볼이 잘못 쳐서 그 벙커를 벗어나지 못하고 2M 앞에 떨어졌다. 다음 샷을 하기 전에 먼저 친 자국을 고무래로 평평하게 고를 수 있는가.

A 고를 수 있다. 다음 샷을 한 것이 모래를 고른 곳으로 되돌아오지 않는 한 벌이 없다.

★ 외국 시합에서도 똑 같은 사건이 벌어진 적이 있다.
남아공 선 시티 게리 플레이어 CC에서 열렸던 남아공 투어 때 미국의 스콧 던랩 선수가 벙커 샷을 잘못하여 친 볼이 다시 같은 벙커에 떨어졌다. 그가 두 번째 샷을 하기 전에 그의 캐디가 벙커를 정리하였고 그것을 본 경기위원이 즉시 2벌타를 부과하였다.
던랩이 강력히 이의를 제기한 것은 물론이고 경기위원회에서는 R&A에 전화로 확인한 끝에 벌타는 취소되어 결국 그는 그 시합에 우승할 수 있었다.

★ 제주도 나인브릿지 CC에서 열린 2005 미국 LPGA 시합 때 우리나라 S선수의 벙커 샷 한 볼이 벙커를 탈출하지 못하고 다시 그 벙커로 떨어졌다.

그가 두 번째 벙커 샷을 하기 전에 그의 캐디가 처음 벙커 샷 한 자리를 고무래로 골랐다. 같이 플레이하던 마커는 그 행위가 규칙 위반이 아니냐고 클레임을 걸었고, 미국 경기위원은 그 상황의 설명을 들은 다음 2벌타에 해당된다고 판정하였다. 그러나 S선수는 스코어 카드를 제출하기 전에 우리 경기위원의 조언을 받아 '국내시합 때는 이런 경우에 벌이 없다. 그런데 미국 시합에서는 벌이 있나' 하고 항의를 하였음은 물론이다.

미 경기위원회에서 회의를 하는 등 법석을 떤 끝에 그 벌타가 취소되었다. 미국 경기위원이 잠시 착각을 한 것이다.

62 | 화가 나서 모래를 내려 친 경우

Q 벙커에서 친 볼이 벙커 밖으로 나가지 못했을 때 화가 나서 채로 모래를 내리치면.

A 2벌타를 받는다.
그러나 볼이 벙커 밖으로 나간 다음에 그런 행동을 했다면 벌이 없다.

★ 미국 LPGA투어 퍼스타 클래식에서 호주의 카리 웹이 벙커 샷을 실패하고 화풀이로 모래를 내려 쳤다가 벌타를 받아 우승을 놓친 일이 있다.
8번 파5홀에서 세컨드 샷을 그린에 올리려고 스푼으로 친 것이 그린 옆 벙커에 빠졌다. 그린을 향하여 친 벙커 샷마져 실패하여 볼이 그 벙커를 벗어나지 못하자 화가 난 나머지 클럽헤드로 모래를 내려쳤다. 2벌타를 받은 그는 결국 소렌스탐에게 1타차로 우승을 넘겨 주어야 했다.

63. 친 벙커 샷이 OB가 되었을 때 드롭 할 장소를 고를 수 있나

Q 벙커에서 친 볼이 OB가 되었다. 볼을 드롭 하기 전에 드롭 할 곳에 있는 친 자국이나 발자국을 평평하게 할 수 있는가.

A 평평하게 할 수 있다.

볼을 친 후에는 언제나 친 자국을 고를 수 있기 때문이다.

64 | 두 볼이 벙커 안 발자국 속에 들어가 있는 경우

Q 두 플레이어의 볼이 공교롭게도 벙커 안 발자국 속에 나란히 들어가 있다. 어떻게 처리하는 것이 옳은 방법인가.

A 홀에서 가까이 있는 볼을 마크하고 집어 올린 후에 멀리 있는 볼을 먼저 플레이 하게 하고, 그 다음에 집어 올린 볼을 제자리에 놓고 플레이하면 된다.

먼저 한 샷 때문에 라이가 변형되었으면 되도록 치기 전 발자국 모양과 같게 만들어 놓고 플레이하여야 한다. 반대로 두 볼이 평평한 곳에 놓여 있었는데 먼저 친 샷 때문에 라이가 나쁘게 되었다면 전처럼 평평하게 해놓고 플레이해야 된다.

★ 시합 때마다 열리는 프로 암 시합은 스폰서를 맡은 기업체에게는 대단히 중요한 행사이다.

스폰서 측에서는 기업이 평소에 업무와 관련하여 감사를 드려야 할 분들이나 수고를 한 임직원 또 거래처 분들을 정중히 초대하여, 프로들과 함께 골프를 칠 기회를 주고 또 선물을 하는 일종의 축제이기 때문에 본 시합 이상으로 신경을 쓴다.

그런데 프로 암에 참가하는 일부의 프로들이 성의 없는 플레이를 하거나 자기 연습을 하는 시간으로 잘못 이해하고 있어서 빈축을 사는 일이 종종 있다.

2005년 SK 엔크린 인비테셔널이 열리기 하루 전 프로 암 시합 때의 일이다. SK 측에서는 한 그룹의 회장님을 모셨고 특히 그 조에는 미국서 활약하고 있는 유명 선수와 플레이할 수 있도록 배려하였다. 그 프로 선수는 그러나 처음 플레이하는 코스를 익히느라 거리를 측정하여 메모하고 또 그린을 테스트 하는 등 18홀을 도는 동안 회장님과 몇 마디 밖에 나누지를 않았다.

경기를 끝난 후 그 회장님에게서 레슨을 받지 못했고 성의껏 준비한 선물조차 그 프로에게 줄 기회가 없었다는 섭섭한 말씀을 들었다.

외국에서는 프로 암에 참가하는 프로 선수의 선발을 엄격히 하고 불참하는 경우의 벌칙, 거리 측정의 금지, 식사를 할 때 반드시 팀과 함께 하여야 하며, 특히 아마추어 플레이어에게 즐거운 시간이 될 수 있도록 사교적이어야 한다는 등의 규정을 만들어 놓고 위반하면 벌금까지 부과하고 있다.

프로 암은 스폰서를 유치한다는 관점에서 대단히 중요하다는 것은 말할 나위도 없으며, 참가하는 프로들의 능동적이고 적극적인 협조가 필요한 대회이다.

65 | 클럽 헤드의 끝으로 볼을 치는 경우

Q 클럽 헤드의 끝으로 샷을 해도 되는가.

A 볼을 올바르게 쳤으면 괜찮다.
올바르게 친다는 것은 밀어 내거나 끌어당기거나 또는 떠올려서는 안된다는 것을 의미한다. 또 클럽 헤드의 뒷면으로 쳐도 상관없다.

66 | 다운스윙을 멈출수가 없는 경우

Q 플레이어가 볼을 치려고 다운스윙을 하다가 멈추려 했지만 멈출 수가 없어서 일부러 스윙궤도를 바꿔 볼 위를 지나가도록 한 경우 스트로크한 것으로 간주되는가.

A 스트로크하지 않은 것으로 인정받을 수 있다.

67 | 플레이할 때 캐디가 뒤에 서 있는 경우

Q TV 중계를 보면 퍼팅할 때 캐디가 플레이어의 뒤에 서서 퍼팅 라인을 봐준 후 옆으로 비켜서는 모습을 볼 수 있는데 반드시 그렇게 해야 하는지.

A 플레이어가 볼을 칠 때 볼 후방의 경기선 또는 퍼팅선이나 그 연장선상 또는 그 근처에 캐디를 세워두면 2벌타를 받게 되므로 스트로크 할 때는 반드시 옆으로 물러나 있어야한다.

68 | 플레이할 때 우산을 받쳐주는 경우

Q 비가 올 때 퍼팅하고 있는 플레이어에게 캐디가 우산을 받쳐주는 경우.

A 플레이어는 2벌타를 받게 된다.

★ 우리나라에서는 캐디가 부족하여 시합때마다 선수의 아버지가 캐디를 하는 경우가 많다.
그러나 그분들의 일부는 캐디의 임무에 관한 지식이 많지 않아서 종종 선수가 피해를 본다. 금년에 처음으로 1부 투어에 참가한 P선수의 경우도 고명딸을 극진히 사랑하는 아버지가 캐디를 하면서 딸에게 벌타를 안겨준 케이스이다.
2005년 레이크 사이드 오픈 마지막 날, 비를 맞고 플레이하는 딸이 안쓰러운 나머지 15번 홀에서 퍼팅하고 있는 딸의 뒤에 가만히 다가가서 우산을 받쳐 준 것이다. P선수는 퍼팅하는데 정신을 집중하고 있어서 그 사실을 모르고 있었다.

69 | GPS나 레이저를 이용한 거리 측정기 사용

Q 2006년 추가된 규칙에 따라 플레이할 때 GPS나 레이저를 이용한 거리 측정기를 사용할 수 있다고 들었다. 언제나 사용이 가능한 것인가.

A 위원회에서 거리 측정을 할 수 있는 기구 사용을 허용하는 로컬 룰을 제정하였을 경우에만 가능하다. 로컬 룰에 그런 규정이 없으면 그런 기구를 사용할 수 없으며 이 위반은 실격이다.

 이 규정은 캐디를 할 수 있는 인원이 자꾸 줄어드는 현실을 감안하여 캐디 없이 자기 백을 메고 치는 선수를 위하여 만든 규정이다.

70 | 클럽에 볼이 두 번 맞은 경우

Q 러프에 있는 볼을 치다가 클럽에 볼이 두 번 맞았을 때의 벌타는.

A 1벌타이다. 스트로크 하는 과정에서 클럽이 두 번 또는 그 이상 볼에 맞으면 그 친 1타와 1벌타 합계 2타가 되며 플레이는 그대로 인정된다.

★ 1985년 6월에 오클랜드 힐 CC에서 열렸던 제 85회 US 오픈 마지막 날, T C Chen으로 기억되고 있는 대만의 진지 충 선수가 러프에서 친 볼이 클럽에 두 번 맞는 반칙을 범하여 다 거머쥔 우승을 놓쳤다.
그는 첫날부터 알바트로스를 기록 하는 등 셋째 날 까지 계속 선두를 유지하여 동양인으로서는 최초로 US 오픈 타이틀 제패를 눈앞에 두고 있었다. 그러나 그는 5번 홀 러프에서 친 볼이 소위 투 터치가 되어 2타를 더한 후, 결국 그 홀에서 더블 파를 기록하고 억울하게도 그를 쫓던 미국의 앤디 노스 에게 1타차 역전을 허용한 것이다.
아직 까지 동양인으로서는 아무도 US 오픈에 우승한 사람이 없으나 우리의 최경주 선수가 박세리처럼 우승 한번 할 수 있으면 하는 바램이다.

71 | 다른 사람의 볼을 친 경우

Q 플레이어가 잘못하여 풀 속에 있는 동반 경기자의 볼을 친 경우에 벌타와 처리 방법.

A 플레이어는 오구를 친 2벌타를 받고 반드시 자신의 볼을 찾아 다시 샷을 해야 한다.

동반 경기자는 자기의 볼을 회수하여 제자리에 가져다 놓고 플레이하면 되고 벌은 없다. 그 볼을 회수할 수 없을 때는 다른 볼을 쳐도 된다.

72. 캐디에게 던져 준 볼을 잡는데 실패하여 물에 빠져 버린 경우

Q 퍼팅 그린에서 플레이어가 닦으라고 캐디에게 던져준 볼을 캐디가 잡는데 실패하여 볼이 물에 빠져 회수가 불가능한 경우.

A 플레이어는 2벌타를 받고 새로운 볼로 플레이를 계속해야 한다.

★ 외국에서 자주 일어나는 일이다.
한 플레이어가 샷을 잘못하여 또 다시 물 근처에 떨어졌다. 화가 머리 끝까지 난 그는 그 볼을 집어 연못 속으로 집어 던져 버리고 새 볼을 가지고 플레이를 계속 하였다.
이런 경우에 벌타는 어떻게 되는가. 규칙에서 허용하지 않는데 볼을 바꾸었으므로 2벌타 그리고 인 플레이 볼을 움직인 1벌타 합계 3벌타를 받아야 한다. 그리고 플레이는 그대로 인정된다.

73. 캐디가 잘못하여 다른 사람의 볼을 준 것으로 플레이

Q 4명의 플레이어가 한명의 캐디를 고용하고 플레이하는 도중, 퍼팅 그린에서 캐디가 잘못하여 다른 플레이어의 볼을 건네주었다. 이를 모르고 퍼팅하여 홀 아웃 한 경우.

A 플레이어는 2벌타를 받고 플레이는 그대로 인정된다.

74 | 벙커에서 친 오구로 홀 아웃

Q 친 샷이 그린 옆에 있는 벙커에 들어갔다. 벙커 샷을 하고 온 그린 된 볼로 홀 아웃을 한 후, 홀에 있는 볼을 꺼내보니 자기의 볼이 아닌 경우에 처리 방법.

A 벙커에서 오구를 친 것에 대한 벌은 없으나 퍼팅하기 전에 그 볼을 확인 하지 못했으므로 오구를 퍼팅한 2벌타를 받고, 벙커에 있는 정구를 찾아 다시 플레이해야 한다.

그렇게 하지 않고 다음 홀에서 티샷을 하면 실격된다. 만일 그 홀이 마지막 홀이라면 그린을 떠나기 전에 시정하겠다는 의사표시를 하고 정구를 찾아 쳐야한다.

퍼팅 그린 (The Putting Green)

75 | 홀에 들어갔다가 튀어 나온 볼

Q 파3홀에서 티샷 한 볼이 홀 속으로 들어갔다가 어떤 이유에선지 다시 튀어 나왔다. 홀인원을 기록한 것인가.

A 아니다. 볼이 홀 안에 정지해 있어야 홀인된 것이다.

76 | 온 그린의 기준

Q 볼이 퍼팅 그린 에지와 퍼팅 그린 사이에 일부 걸쳐 있는 경우 온 그린이냐 아니냐를 두고 언쟁을 벌이는 경우가 가끔 있다. 온 그린의 명확한 기준은.

A 퍼팅 그린은 퍼팅을 위하여 특별히 정비한 구역이다.
대개의 경우 깔끔하게 깎아놓은 부분을 그린이라고 보면 된다. 깎아놓은 그린 면 바로 바깥 부분(에이프런)은 그린이 아니므로 이곳에 있는 볼은 온 그린 상태가 아니다.

그린과 그린이 아닌 곳에 볼이 걸쳐 있으면서 볼의 일부분이 그린에 닿아 있으면 온 그린된 것으로 간주되어 마크하고 집어 올려 닦을 수 있다. 그러나 그린 안에 있는 부분이 그린 면과 접촉하고 있지 않고 떠 있는 상태라면 온 그린이 아니다.

★ 박찬호의 사촌누나이며 지금은 한 아들의 엄마인 박현순 선수와 박세리 선수가 1996년 대구CC에서 열렸던 매일 경제 오픈 마지막 날 같은 조에서 경기를 하고 있었다.

16번 홀에서 박현순 프로가 친 두 번째 샷이 그린 에지에 떨어져 멈추었다. 그의 신참 캐디는 박세리의 샷을 구경하느라고 뒤늦게 그린에 허둥지둥 올라와서 미쳐 말릴 사이도 없이 박현순의 볼을 집어 올려 닦아 버렸다. 아차 했으나 이미 늦은 박현순은 그 볼을 원위치에 놓고 친 후 2벌타를 가산하여 스코어를 적었다. 인 플레이 볼을 움직인 1벌타와 볼을 닦은 1벌타를 합친 것이다.

마침 현장 근처에 있던 경기위원이 그것은 2벌타가 아닌 1벌타라는 해석을 해주어서, 그나마 다행히 박현순은 박세리와 연장전을 나갈 수 있게 되었고, 연장 두 번째 홀에서 버디를 낚아 박세리를 꺾고 우승을 할 수 있었다.

77 | 볼을 그린에 문질러 닦는 경우

Q 퍼팅 그린에서 플레이어가 자기의 볼을 그린에 문질러 닦았다. 벌타는.

A 그린의 표면을 테스트하기 위함이 아니고 볼을 닦기 위하였기 때문에 벌이 없다. 그러나 오해를 받기 쉬우므로 그런 행동은 안하는 것이 좋다.

78 | 퍼팅 선상의 스파이크 자국을 수리한 경우

Q 퍼팅 선상의 스파이크 자국을 수리한 경우 벌타는.

A 2벌타를 받는다.
퍼팅 그린에서 수리할 수 있는 것은 볼 자국과 전에 사용했던 홀을 메운 자국뿐이다.

79 | 퍼팅 선상에 박혀있는 작은 돌을 제거할 수 있나

Q 퍼팅 선상에 박혀 있는 돌은 제거해도 되는가.

A 제거할 수 있다. 그러나 제거한 후에 남아있는 박혔던 자국은 수리할 수 없다.

그린 위의 모래 흩어진 흙 또는 나뭇잎 같은 것은 치울 수 있으며 치울 때 손이나 채 수건 등 어느 것을 사용해도 된다.

80 | 퍼팅 선상에 물이 고여 있을 때

Q 갑자기 비가 와서 퍼팅 그린의 볼과 홀 사이에 물이 고여 있는 경우.

A 고인 물을 수건 같은 것으로 훔쳐내거나 쓸어 내서는 안된다.

규칙에 따라 벌없이 고인 물을 피하고 홀에 가깝지 않은 곳으로서 홀에서는 가장 가까운 곳에 볼을 옮겨 놓을 수 있다.

만약 그런 조건에 맞는 장소가 그린 밖이라면 그린 밖에 놓아야 한다.

81. 홀 위에 볼이 걸쳐 있을 때 기다릴 수 있는 시간

Q 홀 위에 걸쳐있는 볼이 들어갈 것 같아서 기다렸는데 30초 후에 들어간 경우.

A 홀 가장자리에 볼이 걸쳐 있으면 홀까지 걸어가서 10초 동안 기다릴 수 있다.

10초안에 들어가면 전타로 들어간 것이 되며 10초가 지나도 들어가지 않으면 볼이 멎은 것으로 간주된다. 10초가 지나서 들어가면 전타로 들어간 것이 되지만 1벌타를 받아야 한다.

홀 위에 걸쳐있는 볼을 확인하기 위하여 홀까지 걸어 갈 때는 필요이상 일부러 천천히 걸어가서는 안된다.

아이언 7번

미국의 한 마을에서 어느 남자가 골프채를 잘못 휘두르는 바람에 자기 아내를 숨지게 한 사건이 발생하여 신문에 대서특필 보도되었다.

보도가 나간 직후 신문사에 문의 전화가 쇄도하였다. 몇 번 아이언으로 샷을 날렸냐는 것이다.

7번 아이언인 것으로 판명이 나자 그 동네의 모든 골프 숍에 7번 아이언 채가 순식간에 동이 나버렸다.

★ US 오픈에서 우승한 적이 있는 리 잰슨이 미국 PGA 월드 시리즈 때 한 홀에서 버디 퍼팅한 볼이 컵 가장자리에 멈춰 섰다. 홀에 다가간 잰슨은 한참을 바라보고 있다가 퍼팅하려고 하는 순간 그 볼이 홀 속으로 떨어졌다.

잰슨은 그 홀의 스코어를 버디로 적어 내었다. 그러나 TV를 보던 시청자의 제보로 10초 이상 기다린 것이 확인되어 1벌타를 더하지 않고 카드를 제출했던 그는 실격 당했다.

유명 선수도 룰이 헷갈릴 때가 있는 것이다.

★ 최경주 선수가 2006년 SK 텔레콤 아시아 골프 투어가 열린 스카이 72 CC 16번 홀에서 마지막 날 파 퍼팅을 한 볼이 홀 끝에 걸려 멈추어 섰다. 그는 홀과의 거리가 그렇게 멀지 않았기 때문에 그대로 서서 잠시 쳐다보고 있다가 홀로 걸어가려고 하는 순간 볼이 홀 속으로 떨어졌다. 그 시간이 10초가 지나지 않았기 때문에 파를 기록한 것으로 인정되었다.

82 | 퍼팅 그린에 손을 대보는 경우

Q 그린이 얼마나 축축한지 알아보기 위하여 손바닥이나 손등을 볼 뒤에 대보는 것은 규칙 위반이 아닌가.

A 규칙 위반이 아니다. 그러나 볼 앞 퍼팅 선에 대면 2벌타이다.

83 | 그린 밖에서 칠 때 캐디가 깃대를 잡을 수 있나

Q 그린 밖에서 칩샷을 하려는데 캐디로 하여금 깃대를 잡고 서 있게 할 수 있는가.

A 플레이어는 볼이 그린에 있든 밖에 있든 관계없이 치기 전에 그의 캐디로 하여금 깃대를 잡게 하거나 빼게 하거나 또는 들어 올리게 할 수 있다.

치기 전에 그런 지시를 하지 않았으면 볼이 움직이고 있을 때 깃대를 잡거나 빼서는 안되며 그렇게 할 경우 2벌타를 받는다. 만약 그린에서 친 볼이 홀에 꽂혀있는 깃대에 맞으면 2벌타를 받으며 볼은 멈춰있는 지점에서 다음 샷을 해야 한다.

퍼팅 그린에서 캐디가 깃대를 잡고 있지 않을 때 볼을 치면 벌을 받는가. 아니다. 친 볼이 깃대에 맞았을 때만 벌이 있다.

84 뽑아놓은 깃대에 볼이 맞은 경우

Q 캐디가 깃대를 뽑아 그린 밖에 던져 놓았는데 플레이어가 퍼팅을 너무 세게 하여 볼이 깃대에 가서 맞은 경우.

A 2벌타를 받는다.

85 볼이 움직이고 있는 동안 치웠던 깃대를 다시 치운 경우

Q 플레이어가 퍼팅을 한 후에 깃대를 잡고 있던 캐디가 그 깃대를 들어서 그린위에 놓았다가 볼이 깃대에 맞을지도 모른다는 생각이 들어 그 깃대를 다시 옮겼을 경우.

A 벌이 없다. 이런 경우 그 깃대는 볼이 정지할 때 까지 캐디가 시중들고 있는 깃대로 간주되기 때문이다.

★ 2005년 8월 평양에서 제1회 평양 여자 골프 대회가 열렸다. 그곳에 전문 캐디가 없는 것은 당연한 일. 그래서 일반 아가씨들을 뽑아 시합을 위해 교육을 시켰다는데도, 골프가 그들에게는 생소한 운동인데다가 경험도 없고 또 용어가 대부분 영어로 되어 있어서 열심히는 하지만 캐디의 임무를 제대로 수행하기에는 한계가 있었다.

파와 오비는 그런대로 이해하고 있으나 버디 보기의 구별을 어려워하고, 더구나 더블보기 이글 또는 프로 암 대회 롱 드라이빙 니어 핀 같은 영어는 아예 못 들은 척 하였다.

특히 퍼팅 그린에서는 예기치 못한 일이 자주 일어났다. 선수의 퍼팅 선을 밟고 다니고, 선수가 샷을 할 때 움직이며, 선수 뒤에 서 있거나 심지어 자기 선수의 퍼팅만 끝나면 아직 다른 선수의 플레이가 남아 있는데도 불구하고 깃대를 뽑아 버리는 등의 일이 있었다.

한 홀에서 P 선수가 그린 밖에 있는 볼을 칩샷했는데 볼이 굴러가는 동안 그의 캐디가 잽싸게 뛰어와서 깃대를 뽑아버렸다. 캐디의 임무를 충실하게 이행하려 한 것이지만 볼이 움직이고 있을 때 달려가서 깃대를 뽑으면 플레이어가 벌타를 받아야 한다는 것을 그들이 알 리가 없다.

그러나 평양 시합은 특수한 경우이어서 캐디로 인하여 발생되는 벌타는 면제하기로 위원회가 결정을 했기 때문에 그 선수는 벌을 받지 않았다.

프로들이 플레이하는 도중에 거슬리는 일이 자주 있었음에도 불구하고 그곳의 캐디들이 열심히 도와주며 땀을 뻘뻘 흘리고 뛰어 다

녔기 때문에, 결국은 우리 프로들과 서로 사이좋게 지낼 수 있었고 또 아쉬워하며 시합을 원만히 끝마칠 수가 있었다.

평양에서 핀 위치를 정할 때,

혼자 그린 앞에서부터 홀까지 발자국을 재어서 적고 또 그린 옆에서 발자국을 재어 적곤 하니까, 한참을 보고 있던 안내원이 도와주겠다고 나섰다. 그래서 앞쪽은 내가 맡고 그린 옆에서는 보폭에 맞추어 재 줄 것을 부탁하였다.

그는 자기에게 맡겨진 임무를 충실히 수행하느라 입을 굳게 다물고, 팔을 옆으로 힘차게 저으며, 군대식 걸음걸이로 절도 있게 발자국을 재고선 '여섯 발짝 입 네다' 하는 것이었다.

86 깃대에 기대어 있는 볼

Q 깃대에 기대어 있는 볼의 처리 방법.

A 깃대에 기대어 있는 볼은 아직 홀에 들어간 볼이 아니다. 이런 때는 깃대를 움직이거나 흔들어서 볼이 홀에 들어가도록 해야 한다.

★ 2005년 비에이 비스타 CC에서 열렸던 SK 엔크린 시합 때 B 선수가 17번 홀에서 칩샷 한 볼이 깃대에 기대어 홀 안으로 약 2/3 가량 들어가 놓여 있었다.
버디를 한 것에 기분이 좋은 나머지 걸려있는 볼을 아무 생각 없이 빼어 집어 들고 다음 홀로 이동하다가, 동반 경기자에서 위반이라는 말을 듣고 그 다음의 처리 방법을 경기위원에게 물어 왔다.
그 볼은 아직 홀인 된 볼이 아니므로 인 플레이 볼을 움직인 1벌타를 받은 후에, 볼을 원래대로 다시 깃대에 기대어 놓게 하고 깃대를 흔들어 볼을 홀 속에 떨어뜨리도록 하였다.
애써 얻은 버디가 파로 변해 버린 것이다.

볼이 움직였거나, 방향이 변경되었거나 또는 정지된 볼(Ball Moved, Deflected or Stopped)

87 | 어드레스 할 때 퍼터에 닿아 볼이 흔들린 경우

Q 퍼팅 그린에서 어드레스를 취하고 퍼터를 볼 뒤에 댈 때 퍼터가 볼에 접촉되어 볼이 흔들린 경우가 있다. 이런 때도 벌타가 있는가.

A 볼이 흔들렸지만 그 위치가 바뀌지 않았으면 벌이 없다.

88 개가 볼을 물어가 버린 경우

Q 티샷을 하고 볼이 있는 방향으로 걸어가는 도중 개가 나타나서 볼을 물어 가버렸다. 어떻게 해야 하는가.

A 개나 까마귀 같은 동물이 가끔 볼을 물고 가버리는 경우가 있다.
그런 동물은 국외자이므로 국외자가 움직인 볼은 벌이 없으며 볼은 제자리에 가져다 놓으면 된다. 그 위치가 분명치 않을 때는 볼이 있던 곳으로 추정되는 지점에 드롭해야 한다.

볼을 회수할 수 없을 때는 다른 볼을 칠 수 있다.

★ 제주도는 바람이 심하여 시합할 때 플레이어들이 애를 먹는 곳이다.

2005년 로드 랜드 오픈 둘째 날 J 선수가 어프로치 한 볼이 퍼팅 그린 위에 멈추어 있었다. 그때 마침 바람에 날려 온 비닐봉지가 볼에 달라붙어 있다가 갑자기 세게 부는 바람에 경사를 따라 볼과 함께 그린 옆 나무숲으로 가서 멈추었다.

이런 경우에는 비닐봉지가 볼을 움직이게 한 원인이 되었다고 보기 때문에 그 볼을 그린 위 멈추어 있었던 곳에 다시 가져다 놓도록 하였다.

바람이 볼을 움직였을 경우에는 볼이 멈춘 지점에서 다음 샷을 해야 한다.

어느 경우든 벌은 없다.

89 | 어드레스 하기 전에 볼이 움직인 경우

Q 볼에 어드레스 하기 전에 바람에 의하여 볼이 굴러 움직였을 경우에 처리 방법.

A 바람은 국외자가 아니므로 볼이 굴러 멎은 자리에서 다음 샷을 해야 하며 벌은 없다.

그러나 만약 그 볼을 원위치에 가져다 놓고 치면 2벌타를 받는다.

★ 어드레스할 때 퍼터를 볼 앞에 대었다가 볼 뒤로 가져가서 퍼팅하는 사람이 있다. 이런 때는 퍼터를 볼 앞에 대었을 때 어드레스한 것으로 간주한다.

90 | 어드레스한 후에 볼이 움직인 경우

Q 볼에 어드레스를 한 후 퍼팅하려고 백스윙을 한 순간 바람이 불어 볼이 움직인 경우.

A 볼에 어드레스를 한 후에 즉 스탠스를 취하고 채를 지면에 댄 후에 볼을 건드리지도 않았는데 바람이나 경사 등의 이유로 볼이 움직여 굴렀다면 1벌타를 받고 그 볼은 제자리에 가져다 놓아야 한다.

만약 원위치 해놓지 않고 다음 샷을 하면 오소(誤所)가 되므로 2벌타를 받게 된다.

★ 핀크스 CC에서 열렸던 한일 여자프로 대항전 제1회 대회 때 한국 대표인 펄 신 선수가 5번 홀 퍼팅 그린에서 어드레스를 한 후에 바람이 몹시 불어서 볼이 조금 움직였다.
상대의 일본 선수도 몰랐으며 아무도 눈치를 못 챌 만큼의 작은 움직임 이었으나 스스로 1벌타를 받음으로서 다른 플레이어에게 귀감이 되었다.

★ 미국에서 열렸던 2004년 삼성 월드 챔피언 마지막 날 스웨덴 선수인 구프타손이 퍼팅 그린에서 퍼팅을 하려고 어드레스를 취했다가 볼이 움직일 것 같아 뒤로 물러났다. 라인을 살펴본 후 다시 볼에 어드레스 하려는데 이번에는 볼이 굴러서 경사를 따라 5-6m 밑으로 가서 멈춰 섰다.

이런 경우의 처리 방법은 첫 번째 어드레스 할 때 퍼터가 지면에 닿았었느냐 아니냐에 따라 달라진다. 퍼터를 지면에 대었다가 즉 어드레스를 취했다가 볼이 움직일 것 같아 뒤로 물러났으면 그 후에 비록 어드레스하기 전에 볼이 움직였다 하더라도 1벌타를 받고 볼을 원위치 해야 하며, 첫 번째 때 퍼터를 지면에 대지 않고 있다가 볼이 움직일 것 같아 물러났었다면 볼이 움직인 새로운 장소에서 벌 없이 다음 샷을 하면 된다.

퍼터를 지면에 대지 않았었다는 구프타손의 주장이 받아 들여져서 볼이 움직여 멈추어선 자리에서 퍼팅을 하였고 결국 그는 그 시합에서 우승하였다.

★ 일동 레이크 CC에서 열렸던 SK 인비테셔널에서 M선수가 11번 홀에서 퍼팅을 하려고 어드레스를 취한 후 퍼터를 볼 뒤에 대기 전에 경사 때문인지 볼이 저절로 조금 움직였다.

그는 즉시 경기위원을 불렀고 그 상황의 설명을 들은 경기위원이 볼이 멈춘 새로운 자리에서 벌 없이 그대로 플레이 하도록 지시하였다. 어드레스를 한 후에 움직인 볼은 비록 저절로 움직였다 하더라도 1벌타를 받고 볼을 원위치 해야 함에도 불구하고 그 경기위원이 착각을 한 것이다.

M선수는 경기위원의 결정대로 볼이 움직인 자리에서 플레이 하여 경기를 끝마쳤고, 마커와 동반 경기자는 클레임을 제기하였으나 M은 경기위원의 지시에 따라서 플레이하였기 때문에 벌을 받지는 않았다.

2006년에 변경된 규칙에 의하면 위와 같은 경우에 선수는 경기위원의 판정에 따랐으므로 원위치에 갖다놓지 않은 오소(誤所) 플레이에 대한 2벌타는 받지 않아도 되지만, 어드레스한 후에 볼을 움직인 1벌타는 받아야 된다고 규정해 놓고 있다.

★ 바람이 많이 불거나 경사가 심하여 볼이 움직일 가능성이 있을 때는 벌타를 피하기 위하여 어드레스를 하지 않고 스트로크 하는 방법을 택하는 것이 좋다. 즉 스탠스를 취하고 채를 지면에 대지 않고 샷을 하는 것이다.

91 | 볼 마크를 치운 후에 볼을 돌려놓은 경우

Q 퍼팅 그린에서 볼 마크를 집어 올린 후에 볼의 표시를 퍼팅 선에 방향을 맞추기 위하여 볼을 돌려놓았다. 벌이 있는가.

A 1벌타를 받는다. 마크를 제거한 볼은 인 플레이 볼이다. 인 플레이 볼을 움직이지는 않았지만 고의로 접촉하였기 때문에 벌을 받는다.

핑계

골프는 핑계의 게임이라 한다. 골프가 안 될 때는 어서 빨리 그럴듯한 핑계를 둘러대야 한다.

우리나라 골퍼들이 가장 많이 사용하는 핑계로서는

1. 몸이 아파서 어제 밤 제대로 잠을 못 잤다.
2. 골프채를 새로 사서 한 번도 써보지 못했다.
3. 골프를 친지가 3개월이 지났다.

등의 순서라고 한다. 한 골프 잡지에 실린 내용이다.

92 볼을 떨어뜨려 볼 마크가 움직인 경우

Q 볼에 마크를 하고 볼을 집어 올리다가 볼을 놓쳐 마크가 움직였다. 벌타는.

A 1벌타를 받는다. 반대로 볼을 놓고 마크를 집어 올리다가 잘못하여 마크를 놓쳐 볼에 맞아 볼이 움직여도 역시 1벌타이다.
 그러나 볼을 움직이게 한 원인이 볼에 마크하는 과정 때문이었다면 벌은 없다.

★ 2002년 한솔 레이디스 오픈 때 오크벨리 CC 14번 홀 퍼팅 그린에서 J 선수가 마크한곳에 볼을 놓고 마커를 집어 올렸다. 한손에 퍼터를 쥐고 또 한손으로 우산을 접다가 그만 우산을 놓쳐 볼이 우산에 맞아 움직였다.
볼을 제자리에 가져다 놓고 퍼팅을 했으면 1벌타로 끝날 수 있었으나, 움직인 곳에서 치고 1벌타를 받으면 되는 줄로 착각하여 그냥 쳤다가 2벌타를 받았다.

★ 오늘 아침 김미현 선수가 4년여 만에 2006년 미국 긴 클럽 & 리조트 오픈에서 우승하여 미 LPGA 투어 통산 6번째 우승컵을 품에 안는 장면을 TV로 지켜보았다.
또 박세리 선수도 지독한 슬럼프에서 벗어나 2년만에 톱 텐에 이름을 올렸고 부활의 신호탄이 아니냐는 기사도 났다. 참으로 좋은 소식이다.

김미현과 박세리는 동갑내기이다. 서로의 라이벌이자 파트너로 오래 동안 우리나라 여자 골퍼의 양대 산맥을 이루면서 골프 발전에 많은 기여를 하고 있는 선수들이다.
박세리의 샷이 호쾌하고 화려하다면 김미현의 샷은 부드럽고 정교하다고 말 할 수 있다. 성격 또한 현격한 대조를 이룬다.

제주도 핀크스 클럽에서 벌어진 2003년 한일 대항전 첫날 매치 플레이때 있었던 일이다.
박세리는 12번 홀에서 세컨드 샷이 벙커에 빠졌고 또 첫 벙커 샷마저 탈출에 실패하자 그는 다음 샷을 포기하고, 그린에 세컨드 온을 시켜놓고 기다리고 있는 일본의 후도 유리 선수에게 그 홀의 패를 선언하였다. 두 번째 벙커 샷이 바로 홀에 들어 갈수도 있고 아니면 깃대에 붙어서, 일본 선수가 3퍼트를 하는 경우 비길 수도 있는 상황인데 깨끗이 포기를 한 것이다.
반면 김미현은 5번 파 3홀에서 티샷을 왼쪽 워터 해저드 옆에 빠트렸고 일본 선수는 깃대 위쪽으로 약 5M 가량 그린 온을 시켜놓고 있었다. 김의 볼은 해저드의 돌 벽이 가로 막혀 있어서 도저히 홀 쪽으로는 그냥 쳐낼 수가 없었다. 누가 봐도 그 홀은 일본 선수의 승이 확실해 보이는 상황이었다. 그러나 김은 포기하지 않고 그 볼을 깃대와는 관계없는 위쪽으로 멀리 쳐서 빼어낸 후 다시 칩샷을 하여 핀에 부쳐 놓았다. 그 홀에서의 승리를 확신하고 있던 일본 선수는 흔들렸는지 첫 번째 내리막 퍼팅이 길어서 홀 밑으로 내려갔고 두 번째 퍼팅도 홀을 빗나갔다.
결국 그 홀을 비길 수 있었다.

93 | 연습 스윙을 하다가 볼을 움직인 경우

Q 연습 스윙을 하다가 잘못하여 자기 볼을 건드려 움직인 경우.

A 1벌타를 받고 그 볼을 리플레이스 해야 한다. 그렇게 하지 않고 움직인 곳에서 치면 2벌타를 받아야 한다.

티잉 그라운드에서 티샷을 하기 전이라면 벌이 없다.

★ 미국의 데이비드 러브3세가 플레이어스 챔피언 시합 때 TPC 17번 홀 퍼팅 그린에서 연습 스윙을 하는 도중에 잘못하여 볼을 건드렸고 그 볼이 옆으로 움직였다. 그는 그 볼을 원위치 해놓지 않고 그대로 홀 아웃 한 다음 1벌타만 더 하였다.
3라운드까지 상위권에 있던 그가 2벌타를 가산하지 않은 잘못을 모르고 스코어 카드를 제출했다가 실격을 당하여 마지막 라운드에 참석치 못하였다.

94 | 어드레스할 때 채를 지면에 먼저대고 나중에 스탠스를 취하는 행위

Q 보통의 경우는 스탠스를 취하고 난후 채를 지면에 대었을 때 볼에 어드레스 한 것으로 간주한다. 그러나 순서를 바꾸어 채를 지면에 먼저 댄 그 후에 스탠스를 취하고 어드레스를 하는 사람이, 채를 볼 뒤 지면에 대었으나 아직 스탠스를 취하기 전에 볼이 움직였다고 주장하는 것이 옳은가.

A 규칙 위반이 아니다. 그런 습관이 있는 사람의 어드레스는 스탠스를 완전히 취하는 시점이 어드레스 한 것이 되기 때문에 그전에 볼이 움직인 것에 대한 벌이 없다.

★ 2004년 나인브릿지에서 열렸던 미국 LPGA에 시합 때 대만의 캔디 쿵 선수가 14번 홀에서 위와 똑같은 케이스가 있었다. 채를 볼 뒤에 먼저 대고 그 다음 스탠스를 취하려 발을 벌리는 순간 바람이 불어 볼이 움직였다.
어드레스를 할 때 자기는 항상 볼 뒤에 퍼터를 먼저 가져다 댄 후에 스탠스를 취한다고 하는 그의 주장이 받아들어져 벌 없이 움직인 자리에서 다음 샷을 할 수 있었다.

95 | 정지되어 있던 볼이 다른 사람이 친 볼에 맞은 경우

Q 퍼팅 그린에 정지되어 있는 플레이어의 볼이 동반 경기자가 그린 밖에서 친 볼에 맞아 움직인 경우에 처리 방법.

A 맞은 플레이어의 볼은 제자리에 가져다 놓아야 하며, 맞힌 동반 경기자의 볼은 멈추어 놓여 있는 자리에서 다음 플레이를 하면 된다. 둘 다 벌은 없다.

96 그린에서 퍼팅한 볼이 그린위에 있는 다른 볼을 맞힌 경우

Q 그린에서 퍼팅한 볼이 그린위에 정지되어 있는 다른 사람의 볼을 맞힌 경우 누가 벌을 받는가. 그리고 그 후에 볼의 처리 방법.

A 친 볼이 다른 사람의 볼에 맞으면 친(맞힌) 사람이 2벌타를 받는다.

맞힌 볼은 멈춘 지점에서 다음 퍼팅을 해야 하며 맞은 볼은 다시 제자리에 가져다 놓아야 한다.

퍼팅 그린에서는 다른 플레이어가 마크하고 볼을 치운 후에 퍼팅하는 것이 좋다.

97. 어린아이가 볼을 집어 들고 숲 속으로 던져버린 경우

Q 2003년 SBS 최강전이 열렸던 태영 CC 14번 홀에서 한 선수가 그린을 향하여 친 샷이 그린을 넘어 진달래 밭 쪽으로 굴러 갔다. 마침 그 근처에서 놀고 있던 어린아이가 그 볼을 꺼내 들고 한참을 걸어 가다가, 뒤에서 외치는 소리를 듣고 무서워서인지 볼을 옆의 숲 속으로 던져 버리고 가버렸다.

동반 경기자들은 그 볼이 상당히 세게 맞아 진달래 밭 속 깊이 들어갔을 것이라고 주장하는데 처리 방법.

A 볼이 있던 지점을 정확히 알 수 있는 사람이 근처에 있을 때는 그의 증언을 토대로 그곳에 볼을 놓으면 된다.

그때는 아무도 증언할 사람이 없어서 그 지점을 추정해야 했다. 볼이 진달래 밭 속안에 들어가 있었으면 아이가 쉽게 꺼낼 수 없었을 것이라는 확신이 들었기 때문에, 위원회는 볼이 정지해 있었을 것이라고 생각되는 지점을 결정하는데 플레이어에게 유리하도록 해 주었다.

따라서 진달래 밭 바로 앞 러프에 볼을 드롭하도록 하였다. 이는 형평의 이념상 공정한 처리가 된 것이다.

★ 모 TV 방송국의 해설자가 OB의 볼 인가 아닌가의 판단이 모호할 때는 플레이어에게 유리하도록 판정하는 것이 관례라고 해서 논란이 된 적이 있다.

OB 인지의 여부나 워터 해저드의 볼 인지의 여부 같은 판정은 정확하게 해야 하며 플레이어에게 유리하게 혹은 불리하게 해서는 안된다.

플레이어와 동반 경기자의 이해가 서로 상충 되는 주장을 할 때, 위의 사례와 같이 증언해줄 사람이 아무도 없는 경우에는 가능한 범위 내에서 플레이어에게 유리하도록 해석해주는 것이 관례이다.

★ 박세리가 KLPGA 선수권전이 열린 뉴 서울 CC 11번 홀에서 티샷 한 볼이 왼쪽으로 휘어 OB 쪽으로 날라 갔다. 그 홀은 짧은 파5홀 이어서 장타들은 세컨드 샷을 그린에 온 시키는 경우가 있다. 그가 잠정구를 치고 나가보니 먼저 친 볼이 OB가 아닌 러프에 놓여 있었다.

동반 경기자들과 캐디들 모두 그 볼은 OB로 들어간 것이 분명하다고 이구동성으로 증언을 하고 또 박세리 팬인 갤러리 중 한사람이 OB에 있는 볼을 집어 안으로 던져 놓았다는 의문이 제기되었다. 증언해 줄 사람이 아무도 없었고, 볼이 나무에 맞아 안으로 들어왔다는 주장을 할 수도 있는 상황 이었는데 박세리가 OB의 볼이 확실하다고 인정하여서 문제는 간단히 해결되었다.

결국 그해 그는 고우순 프로에게 선수권 패를 넘겨주어야 했다.

98. 반공 시설물에 맞고 OB가 된 볼을 다시 칠 수 있는지 여부

Q 골프장에 설치된 반공 시설물인 쇠기둥에 볼이 맞고 OB가 되었다. 다시 칠 수 있는가.

A 다시 칠 수 없다.

★ 스트로크 플레이에서 한번 친 타를 취소하고 벌 없이 다시 칠 수 있는 경우는 대단히 제한되어 있다.
1) 친 볼이 깨져서 조각이 났을 때
2) 해저드에서 오구를 쳤을 때
3) 그린에서 친 볼이 승인을 받지 않은 동반 경기자나 또는 그의 캐디가 잡고 있는 깃대 혹은 그들에게 맞았을 때
4) 그린에서 친 볼이 움직이고 있거나 살아 있는 국외자에 맞았을 때 등 뿐이다.

그 외에 골프장에 고가 동력선이 지나가고 있는 홀이 있으면 위원회에서 볼이 그 고압선에 맞는 경우 그 타를 취소하고 다시 칠 수 있도록 하는 로컬 룰을 제정하는 경우가 있다.

99 그린위에서 두 사람이 친 볼이 서로 충돌한 경우

Q 두 플레이어가 퍼팅 그린에서 친 볼이 충돌하였다. 누가 벌타를 받으며 그 후에 두 볼의 처리 방법은.

A 볼이 홀에서 가까이 있던 사람이 타순대로 치지 않고 홀에서 먼 곳에 있던 사람의 볼이 움직이고 있을 때 퍼팅을 하였기 때문에 2벌타를 받는다.

순서에 의하여 친 사람은 벌이 없다. 그리고 각각 친 타를 취소하고 볼을 원위치에 갖다 놓고 다시 쳐야 한다.

★ 2001년 은화삼 CC에서 열렸던 국내 아마추어 시합 때 흔치 않은 일이 발생하였다.
선수 A의 볼은 온 그린되어 있었으나 벙커에 있는 B 선수의 볼 보다는 홀에서 멀리 떨어져 있었다. A는 순서에 의하여 먼저 퍼팅을 하였고 B는 자기의 볼을 먼저 온 시켜 놓으려고 벙커 샷을 하였는데 두 볼이 그린에서 충돌하였다. 홀을 향하여 굴러가던 A의 볼은 홀에서 멀리 떨어져 정지 하였으나 B의 볼은 충돌 후 홀 속으로 들어가 버렸다.
이런 경우는 어떻게 처리 되는가. A B 모두 벌은 없다. 그리고 A는 친 볼을 취소하고 다시 쳐야 하며 B의 볼은 놓여있는 그대로 인정이 되기 때문에 홀인된 것이다.

100 | 친 볼이 카트에 맞고 OB가 된 경우

Q 플레이어가 친 볼이 자기 백을 싣고 이동 중인 카트에 맞은 후 OB가 된 경우.

A 자기 휴대품에 맞은 2벌타와 그 볼이 OB가 된 1벌타를 추가하여 합계 3벌타를 받은 후 먼저 친 자리에서 다시 쳐야 한다.

구제를 받을 수 있는 상황과 그 처리 방법
(Relief Situations and Procedure)

101 | 캐디가 플레이어의 볼을 마크하고 집어 올려 닦은 후에 다시 놓을 수 있는가

Q 퍼팅 그린에서 캐디가 선수의 볼에 마크하고 집어 올려서 닦은 후에 다시 제자리에 놓을 수 있는가.

A 플레이어가 승인하면 캐디가 그렇게 할 수 있다.

102 볼에 마크할 때 볼 마커나 동전으로만 해야 하는가

Q 볼에 마크할 때 반드시 볼 마커나 작은 동전으로 해야 하며 또 그 위치를 볼 뒤에 해야만 하는가.

A 아니다.

규칙에는 그와 비슷한 것으로 마크하는 것을 권장할 뿐이지 특별히 어떤 것으로 해야 한다는 규정은 없다. 또 반드시 볼 뒤에만 해야 한다는 규정도 없다.

그러나 규칙에서 권장하는 대로 볼 마커나 작은 동전으로 볼 바로 뒤에 하는 것이 좋다.

그렇다면 볼 뒤 약 5cm 되는 곳에 볼 마크를 하면 어떻게 되는가. 그렇게 하면 정확히 볼 위치에 마크했다고 볼 수 없으므로 1벌타를 받는다.

★ 한양 CC에서 열렸던 한국 오픈 때 한 한국 선수가 볼에 마크할 때는 볼 바로 뒤에 바짝 하고 다시 볼을 놓을 때는 항상 홀에 가깝게 놓는다고, 동반 경기를 하던 외국 선수가 불만을 토로 했다는 이야기를 들은 적이 있다.
또 외국에서 활동하고 있는 여자 프로 선수들이 가끔 국내에 와서 시합을 할 때 가장 눈에 거슬리는 행동은 국내 선수가 마크 앞에 볼을 놓을 때는 너무 앞에 놓는 것 이라고 말한다.
모든 선수가 다 그렇게 한다는 것은 아니지만 귀담아 들을 필요가 있다. 만약 그런 행동을 되풀이 하는 것이 사실이라면 실격 대상임은 말할 것도 없다.

103 | 드롭한 볼이 플레이어에 맞은 경우

Q 드롭한 볼이 코스에 떨어진 후에 굴러서 미처 피할 사이도 없이 플레이어의 발에 맞은 경우.

A 드롭한 볼이 코스에 떨어지기 전이나 후에 플레이어나 그의 휴대품에 닿으면 벌 없이 다시 드롭 해야 한다. 이런 경우 그 회수에는 제한이 없다.
 그러나 다시 드롭하지 않고 그대로 치면 2벌타를 받는다.

104 | 한 클럽 길이 이내에 드롭할 때와 두 클럽 길이 이내에 드롭할 때

Q 어떤 경우에 한 클럽 길이 이내에 드롭하며 또 어떤 경우에 두 클럽 길이 이내에 드롭하는가.

A 벌 없이 구제를 받을 때는 한 클럽 길이 이내에 드롭하며 벌타를 받고 드롭할 때는 두 클럽 길이 이내에 드롭한다.
 예를 들면 볼이 카트도로에 놓여 있어 구제를 받고자 할 때는 구제의 기점으로부터 한 클럽, 언플레이어블 볼을 선언하여 1벌타를 받고 드롭할 때는 볼이 있는 곳에서 두 클럽 길이 이내에 하는 것이다.

105 | 드롭한 볼이 두 클럽 이상 굴러간 경우

Q 경사진 곳이라 드롭한 볼이 두 클럽 길이 이상 굴러 가서 멈추었다. 재 드롭을 해야 하는가.

A 다시 드롭해야 한다.

드롭한 볼이 지면에 떨어진 지점으로부터 두 클럽 길이 이상 굴러 갔을 때에는 반드시 다시 드롭해야 한다. 그렇게 하지 않고 그냥 치면 2벌타를 받게 된다.

두 번 드롭을 했는데도 또 그 이상 굴러 가면 세 번째는 두 번째 드롭한 볼이 처음 떨어진 지점에 볼을 놓고 쳐야 한다. 그렇게 하지 않고 3번 드롭하고 치면 2벌타를 받는다.

★ 드롭하는 방법은 똑 바로 서서 볼을 어깨 높이만큼 앞으로 혹은 옆으로 올리고 팔을 펴서 손을 놓아 볼이 자연적으로 떨어지게 하여야 한다.

드롭한 볼이 지면에 떨어진 지점에서 두 클럽 이상 굴러가거나, 홀 쪽으로 가깝게 가거나 또는 규칙에서 재 드롭하도록 요구되지 않는 한, 볼이 굴러가 멈춘 자리가 나쁘다고 해서 다시 드롭해서는 안된다.

지면에 떨어진 장소로부터 최대 두 클럽 길이까지는 굴러가도 되므로 구제를 받아 한 클럽 길이 이내에 드롭할 때는 최대 3 클럽 길이까지, 벌타를 받고 두 클럽 길이 이내에 드롭할 때는 최대 4 클럽 길이까지 볼이 갈수가 있다.

따라서 드롭하기 전에 지형을 잘 이용하여 다음 샷을 하기에 적당한 곳을 찾아 드롭하는 것도 스코어를 줄일 수 있는 한 방법이다.

★ 미셸 위가 프로 데뷔전인 2005년 삼성 월드 챔피언 전에서 좋은 성적을 기록하고도 실격을 당했다.

그는 나무 밑에 들어가 있는 볼을 쳐낼 수 없는 상황이라서 언플레이어블 볼을 선언하고 두 클럽 길이 이내에 볼을 드롭하였다. 두 번째 드롭 한 볼도 홀 쪽으로 굴러 갔으므로 세 번째에는 규칙에 따라서 볼이 떨어졌던 지점에 볼을 놓고 플레이를 한 것이 오소(誤所)로 판정되었다. 그 위치가 원구가 놓여 있던 지점보다 홀에 더 가까웠기 때문이다.

그러나 그는 잘못된 줄 모르고 2벌타를 누락하여 스코어 카드를 제출하였다가 실격 처리가 된 것이다.

106. 볼을 놓는 것(Placing)과 볼을 제자리에 놓는 것(Replacing)의 차이

Q 골프 용어에서 볼을 놓는 것과 볼을 제자리에 놓는 것은 어떻게 다른가.

A 놓는 것(placing)은 볼을 집어 올려서 볼이 있던 장소가 아닌 다른 곳에 드롭하는 대신 놓을 때를 말하며, 제자리에 놓는 것(replacing)은 집어 올리기 전에 볼이 있던 장소에 다시 놓을 때를 말한다.

예를 들면 '놓는다' 라는 것은 두 번 드롭한 다음에 세 번째는 볼이 떨어진 지점에 볼을 놓아야 한다든가, 멎지 않는 볼을 멎을 수 있는 곳에 놓는다 라고 할 때 쓰는 용어이다.

'제자리에 놓는다' 라는 것은 퍼팅 그린에서 마크하고 집었던 볼을 다시 원위치에 놓을 때 또는 치워달라고 해서 치웠던 볼을 다시 원위치에 놓을 때 사용하는 용어이다.

볼을 놓을 수 있는 사람은 플레이어 자신뿐이다.

볼을 제자리에 놓을 수 있는 사람은 플레이어 이외에도 그의 캐디나 또는 그 볼을 움직인 사람이다.

107 | 볼을 드롭해야 할 때 놓거나 또는 놓아야 할 때 드롭하는 경우

Q 볼을 드롭해야 할 때 드롭하는 대신 놓거나 반대로 볼을 놓아야 할 때 드롭을 하면 어떻게 되는가.

A 2벌타를 받고 볼은 있는 그대로 플레이해야 한다. 그러나 드롭한 후라도 치기 전에 잘못한 줄 알고 시정하면 벌이 없다.

108 볼 마크를 원위치 하지 않고 퍼팅을 한 경우

Q 플레이어의 요구를 받고 볼 마크를 퍼터 헤드 길이만큼 옮겨 놨다가 다시 원위치 해놓지 않고 퍼팅을 한 경우.

A 2벌타를 받으며 플레이는 그대로 인정된다.

★ 플레이어가 원위치 해놓지 않고 퍼팅한 볼이 홀 근처 1m 앞에 멈춰선 후에 볼을 원위치하지 않은 것을 깨달았다. 그는 잘못을 시정하려고 그 볼을 집어 처음 위치에 갖다놓고 다시 퍼팅을 하여 홀 아웃했다면 어떻게 되는가.
처음 원 위치하지 않고 오소(誤所)에서 플레이한 2벌타와 인 플레이 볼이었던 1m앞의 볼을 집어 올려서 이를 리플레이스하지 않은 것에 대한 2벌타 합계 4벌타를 받게 되며 플레이는 그대로 인정된다.

★ 남아공의 로저 워셀 선수가 중국에서 열린 하이네켄 클래식에서 동반 경기자의 요구를 받고 마크를 옮긴 후에 자기가 퍼팅 할 때는 깜빡 잊고 그 마크를 원위치하지 않은 채 퍼팅하여 홀 아웃하였다.
그날 경기가 끝난 후 TV 시청자의 제보로 그 위반 사실이 확인되었고 그는 2벌타를 포함하지 않고 스코어를 제출했기 때문에 실격 당했다.

109 워터 해저드에 있는 볼을 언플레이어블 볼로 선언

Q 워터 해저드에 빠져 있는 볼을 놓여 있는 상태가 좋지 않아서 그냥 칠 것인지 망설이다가 언플레이어블 볼을 선언하고 그 해저드 안에 드롭하고 볼을 친 경우.

A 워터 해저드에 있는 볼은 언플레이어블 볼로 선언할 수 없다.

워터 해저드에 들어간 볼의 처리 방법에 따라서 처리했어야 하는 것을 언플레이어블 볼을 선언하고 드롭을 하였으므로 오소(誤所)에서 플레이한 것이다.

따라서 워터 해저드에 들어간 1벌타와 오소에서 플레이한 2벌타 합계 3벌타를 받고 플레이는 그대로 인정된다.

110 오소(誤所) 플레이(Playing Wrong Place)에서 중대한 위반과 중대하지 않은 위반의 차이

Q 오소(誤所)에서 플레이했을 때 벌타를 받고 그 플레이가 그대로 인정되는 경우와 다시 플레이를 하지 않으면 실격 처리되는 경우의 차이는 무엇인가.

A 오소(誤所) 플레이에는 중대하지 않은 오소(誤所) 플레이와 중대한 오소(誤所) 플레이가 있다.

중대하지 않은 오소(誤所) 플레이란
1) 볼 놓여 있는 곳이 라이가 나쁘다고 채나 혹은 발로 볼을 건드려 움직여 놓고 친다든지
2) 다른 사람의 퍼팅선에 방해가 되어 볼의 마크를 옮겨 놨다가 제자리에 갖다 놓지 않고 쳤을 때
3) 드롭한 장소가 드롭해야 할 장소와 큰 차이가 없을 때 등이며

이런 오소(誤所) 플레이를 했을 때는 2벌타를 받고 그 플레이는 그대로 인정된다.

중대한 오소(誤所) 플레이란
1) 벙커 안에서 언플레이어블 볼을 선언하고 벙커 안에 드롭해야 하는 것을 벙커 밖에 드롭하고 쳤을 때
2) 레터럴 워터 해저드에 들어간 볼을 처리할 때 워터 해저드

를 넘은 경계에서 드롭하지 않고 볼이 들어가 있는 곳 옆에서 드롭하고 치는 것 또는

3) OB가 된 볼을 처리할 때 원위치에 가지 않고 OB가 난 곳 근처에서 치는 등의 오소(誤所)에서 플레이를 함으로서 현저한 이득을 얻었다고 인정되는 경우 등이며

이런 플레이를 했을 때는 2벌타를 받고 반드시 규칙에 맞는 장소에서 다시 플레이하여 시정해야 한다. 그렇게 하지 않고 다음 홀에서 티샷을 하거나 마지막 홀에서 그린을 떠나면 실격이 된다.

버스 시간표를 잘 알아야

친구 네 명이 크게 내기를 하고 있었다.

8번 홀은 도로와 나란히 위치하고 있어서 샷 한 볼이 담을 넘어 도로로 떨어지는 바람에 가끔 사고가 일어나는 홀이다.

오너인 친구가 후려친 티샷이 하늘로 높이 솟아올랐다가 OB 울타리를 넘어 도로 쪽으로 살아졌다. 나머지 친구들이 뛸 듯이 기뻐하는 순간 그 볼은 지나가던 버스의 앞 타이어를 맞고 튕겨서 다시 페어웨이에 안착하여 버렸다.

모두들 어안이 벙벙하여 아무 말도 못하고 있는데 그 친구가 어깨를 으쓱하며 말했다.

'그러니까 평소에 버스 시간표를 잘 알아 놓아야 한다구'

111 볼에 달라붙어 있는 잔디를 떼어낼 수 있나

Q 볼에 달라붙어 있는 잔디를 제거할 수 있는가.

A 제거할 수 없다.
또 진흙이 묻어 있는 것도 닦을 수 없다. 이를 위반하면 1벌타를 받는다.

112 | 볼을 닦을 수 있는 경우와 없는 경우

Q 볼을 닦을 수 있을 때와 없을 때의 기준이 아주 모호한 것 같다. 그런 기준은 무엇인가.

A 규칙에 의하여 볼을 집어 올렸을 때는 언제나 닦을 수 있다. 그러나 다음 세 가지 경우에는 볼을 닦을 수 없다.
 1) 볼이 경기하기에 적합한지의 여부를 결정하기 위하여 집어 올렸을 때
 2) 볼의 식별을 확인하기 위하여 집어 올렸을 때. 이때는 확인에 필요한 한도까지만 닦을 수 있다.
 3) 다른 플레이어의 경기에 방해가 되거나 도움이 되어 집어 올렸을 때.
위의 세 가지 경우에 볼을 닦아서 위반하면 1벌타를 받는다.

★ 제주도 나인브릿지에서 열렸던 2004년 미국 LPGA 시합에서 우리나라의 S선수의 볼이 16번 홀 그린에지에 떨어졌다. 동반 경기자인 호주의 밀 선수가 어프로치 하려는데 S선수의 볼이 방해가 된다고 하여 그는 볼에 마크하고 집어 올려서 들고 있었다.
이런 때에는 볼을 닦을 수 없다는 것을 알고 있는 그는 조심스럽게 볼을 가지고 있다가 밀이 샷을 하는 동안 무심결에 볼을 들고 있던 손을 뒷짐지는 식으로 허리 뒤로 가져가서 허리를 받치고 있었다.
스코어 접수시 밀은 클레임을 걸었고 S는 볼을 닦지 않았다고 항의를 하였으나 미국 경기위원은 1벌타를 부과하였다.
이유는 동반 경기자가 볼 수 있게 볼을 앞으로 들고 있지 않아서 의심을 받는 행동을 하였기 때문이었다. 이런 규칙 위반 여부를 판정하는 경우에는 플레이어에게 불리하게 하는 것이 관례이다.

★ 블루헤런 CC에서 있었던 2004년 하이트컵 배 시합 때 강수연 선수가 14번 홀에서 티샷 한 볼이 벙커에 들어가서 공교롭게도 동반 경기자의 볼과 나란히 놓여 있었다. 강수연의 볼이 홀에서 조금 가까웠기 때문에 마크하고 집은 후, 동반 경기자가 샷을 하는 동안 그 볼을 옆 잔디위에 가만히 내려놓고 기다리고 있었다.
위의 S 선수와 비교가 될 수 있는 올바른 행동으로 볼 수 있다.

113 정신적으로 방해되는 볼을 치우도록 요구

Q 스루더 그린에서 플레이어가 30m 정도 떨어져 있는 다른 경기자의 볼이 정신적으로 방해가 된다고 집어 올리도록 요구할 수 있는가.

A 요구할 수 있다. 그러나 그런 요구가 합리적이 아니고 또 남용되는 경우에는 정당화 될 수 없다.

예를 들면 100M 앞에 있는 볼이 방해가 된다고 하는 것은 합리적이지 않으며 또 특정 플레이어의 볼만 계속 치워 달라고 요구하는 것도 정당한 것이 못된다.

114 벙커에서 치울 수 있는 것과 없는 것

Q 벙커 안에서 치울 수 있는 것과 없는 것의 예를 들어 달라.

A 볼이 벙커에 있을 때는 볼 옆에 있는 나뭇가지, 나뭇잎, 돌, 솔방울, 과일 껍질, 먹다 버린 사과 등 자연물인 루스 임페디먼트는 치울 수 없으며

고무래, 호스, 담배꽁초, 비닐봉지, 병, 깡통 등 인공적인 것들은 치울 수 있다.

115 | 벙커안의 돌을 치운 경우

Q 얼마 전 TV 중계를 보는데 한 선수가 벙커에서 돌멩이를 집어 치우는 것을 보았다. 규칙 위반이 아닌지.

A 로컬 룰에서 허용하는 경우에는 치울 수 있다. 그러나 로컬 룰에 이에 관한 조항이 없으면 치워서는 안된다. 위반은 2벌타.

★ 스루더 그린에 있는 바위가 지면에 단단히 박혀 있지 않으면 루스 임페디먼트로 취급되어 치울 수 있으며 치울 때 다른 사람의 도움을 받을 수 있다.
1999년 미국 PGA투어 피닉스 오픈이 열린 애리조나 TPC 코스 13번 파5홀에서 타이거 우즈가 티샷 한 볼이 바위 앞에 멈췄다. 그대로 치면 두 번째 샷이 그 바위에 맞을 수도 있는 위치였는데 그는 그의 캐디와 갤러리의 도움을 받아 바위를 치운 후 샷을 하여 결국 그 홀에서 버디를 잡을 수 있었다.

116 | 퍼팅 그린에서 루스 임페디먼트를 치울 때 수건을 사용한 경우

Q 안시현 선수가 처음 미국에 가서 시합할 때 퍼팅 그린에서 벌을 쫓아 버리다가 벌타를 받은 사례가 있는데 벌을 쫓아내는 행위가 규칙 위반인가.

A 벌을 쫓아내는 행위가 위반이 되는 것은 아니다.
퍼팅 그린에서 나뭇잎, 돌 같은 루스 임페디먼트를 제거할 때 손이나 채만을 사용하도록 되어 있었다. 안선수가 퍼팅을 하려고 스탠스를 취하는 도중 벌이 와서 손을 쏘았다. 그의 캐디가 그 벌을 쫓아내었는데 손이나 채를 사용하지 않고 수건을 사용하였다 해서 벌을 받은 것이다.

그 후에 규칙이 바뀌어 현재는 손이나 채 이외에 수건 장갑 등 어느 것을 사용하여도 괜찮다.

117 움직일 수 있는 장해물과 움직일 수 없는 장해물에서의 구제

Q 코스에서 흔히 볼 수 있는 움직일수 있는 장해물과 움직일 수 없는 장해물에는 어떤 것이 있으며 구제의 방법.

A 움직일 수 있는 장해물은 고무래, 담배꽁초, 비닐봉지, 병, 그리고 깡통 등 인공적인 것이며 이런 장해물은 벌 없이 언제나 치울 수 있다.

움직일 수 없는 장해물은 카트도로, 스프링클러, 배수구, 보호망, 나무의 지주, 볼 세척기, 그리고 플라스틱 발판 등이다. 이런 장해물에 볼이 놓여 있거나 스윙이나 스탠스에 방해가 될 때는 벌없이 구제를 받을 수 있다.

그 방법으로는 우선 그 장해를 피할 수 있고 볼이 있는 곳에서 가장 가까우며 홀에는 가깝지 않은 곳에 구제의 기점을 정하고 그 구제의 기점으로부터 한 클럽 길이 이내에 홀에 가깝지 않게 드롭해야 한다.

구제의 기점은 다음에 칠 때 사용할 채를 가지고 정하여야 한다.

118 움직일 수 있는 장해물과 움직일 수 없는 장해물의 판단 기준

Q 움직일 수 있는 장해물과 움직일 수 없는 장해물의 판단 기준은 무엇인가.

A 경기를 지연시키지 않으며 힘을 들이지 않고 또 그 물건을 손상시키지 않으면서 움직일 수 있으면 그것은 움직일 수 있는 장해물이며 그렇지 않은 것은 움직일 수 없는 장해물이다.

119 | 클럽 하우스의 창문을 통하여 볼을 플레이

Q 볼을 쳐내려고 할 때 클럽 하우스의 창문을 통하거나 헛간 문을 통과할 수밖에 없는 경우에 그 문을 열고 칠 수 있는가.

A 열어도 된다. 클럽 하우스나 헛간은 움직일 수 없는 장해물이지만 그 문은 움직일 수 있으므로 열어도 된다.

트리플 보기

한 골퍼가 친한 친구와 골프를 치던 중 크게 스라이스가 난 볼이 계단을 굴러 클럽 하우스 안으로 들어가 버렸다. 다행히 볼은 카펫트 위에 놓여 있었으나 볼이 놓여 있는 자리와 그린 사이에 커다란 창문이 가로 막고 있었다.

'저 유리문을 열어 놓고 볼을 창문 안으로 통과 시켜서 그린위에 올려야지' 하고 골퍼가 중얼 거렸다. 많은 사람들이 모여들고 친구가 비웃으며 팔짱을 끼고 쳐다보고 있는 동안 그 골퍼는 있는 힘을 다하여 볼을 후려 쳤다. 그러나 그 볼은 창문을 맞고 튀어나와 순식간에 친구를 맞혔고 그 친구는 쓰러져 병원으로 실려 갔다.

그리고 몇 주가 지난 후 어느 날 그 골퍼가 다른 친구와 골프를 치게 되었는데 그날도 그 홀에서 공교롭게도 또 같은 장소에 볼이 떨어졌다. 그 친구는 클럽하우스 창문을 열어놓고 치는 것이 어떠냐고 제안하였다.

'그건 절대로 안 돼' 그 골퍼가 침울하게 대답했다.

'몇 주 전에도 시도해 봤는데 결과가 끔찍했어.'

'안됐군. 무슨 일이 있었는데' 하고 친구가 물었다.

'음. 음. 트리플 보기를 쳤어.' 그 친구는 원통하다는 듯 말했다.

120 | OB 지역에 있는 장해물을 치울 수 있나

Q OB 지역에 움직일 수 있는 장해물이 있어서 스탠스에 방해가 되는 경우 치울 수 있는가.

A 치울 수 있다.

121 | 벙커 안에 있는 장해물의 방해로부터 구제를 받을 때 벙커 밖으로 나올 수 있는 경우

Q 벙커 안의 나무 계단옆에 볼이 놓여 있어 스윙에 방해가 된다. 구제를 받아서 벙커 안에 드롭해도 샷에 자신이 없는 경우 벙커 밖으로 나올 수 있는가.

A 1벌타를 받으면 볼과 홀을 잇는 후방 직선상의 벙커 밖으로 나올 수 있다.
벌을 받지 않으려면 구제의 기점을 정하여 그 구제의 기점으로부터 한 클럽 길이 이내의 벙커 안에 드롭해야 한다.

122 | 벙커 턱에 있는 고무래에 볼이 걸려 있을 때 처리 방법

Q 벙커위의 경사가 심한 곳에 볼이 고무래에 기대어 있어서 고무래를 치우면 볼이 벙커로 굴러 갈 것이 확실한 경우 그 처리 방법.

A 먼저 고무래를 치운다. 이때 볼이 굴러 벙커에 들어가면 볼을 집어 벌 없이 원위치에 놓는 것이 순서이다. 먼저 볼을 집고 고무래를 치우면 인 플레이 볼을 움직인 1벌타를 받게 되므로 조심해야 한다.

만약 경사가 심하여 볼이 서지 않는 경우에는 홀에는 가깝지 않고 볼이 멎을 수 있는 가장 가까운 지점을 찾아 볼을 놓을 수 있다.

★ 벙커에서 친 샷이 벙커 턱을 맞고 굴러 내려와 피할 사이도 없이 플레이어의 발을 맞추고 발에 기대어 있는 경우에는 어떻게 하는가.
우선 자기 발에 맞은 2벌타를 받은 후에, 발을 치우고 볼이 움직이면 발에 기대어 있던 곳에 갖다놓고 다음 샷을 해야 한다.

123. 카트도로에 볼이 있을 때 가까운 구제의 기점을 정할 곳이 깊은 숲이면 반대쪽으로 나올 수 있나

Q 볼이 카트도로위에 놓여 있을 때 볼에서 가까운 곳이 깊은 러프이거나 경사가 심한 경우 반대편인 페어웨이 쪽으로 나와 기점을 정하고 드롭할 수 있는가.

A 그렇게 할 수 없다.

볼이 카트도로 위에 놓여 있을 때는 반드시 볼에서 가장 가까운 곳에 구제의 기점을 정해야 한다.

 가까운 구제의 기점을 정할 곳이 상태가 좋지 않다고 해서 예를 들면 깊은 러프 지역이거나 숲 속 혹은 경사가 심한 곳이라고 반대편으로 나와서는 안된다.

 그렇게 하는 경우 오소(誤所) 플레이로 2벌타를 받게 되며 만일 그 장소가 중대한 위반에 해당되면 다음 티샷을 하기 전에 시정하여야 한다.

★ 2002년 승주 CC에서 있었던 정회원 시드전 때 중 코스 3번 홀에서 한 선수의 볼이 카트도로 오른쪽에 멈추어 섰다.
볼이 놓여 있는 곳에서 가까운 오른쪽은 경사가 심하고 또 러프 지역이어서, 그는 반대편인 왼쪽으로 나와서 구제의 기점을 정하여 드롭하고 플레이 하였다가 2벌타를 받았다.
그렇다면 그곳이 도저히 플레이 할 수 없는 지역일 때는 어떻게 처리해야 하는가. 그런 경우에는 볼이 놓여 있는 그대로 치든가 그렇지 못하면 언플레이어블 볼을 선언하는 수밖에 없다.
시합 때는 위원회에서 그런 사각 지대가 없도록 조치를 취한다.

124 스윙에 방해가 되는 워터 해저드 말뚝은 뽑을 수 있는지 여부

Q 워터 해저드를 표시하는 말뚝은 항상 제거하고 칠 수 있는가.

A 워터 해저드를 표시하는 말뚝은 장해물이다. 따라서 스윙이나 스탠스에 방해가 될 때는 말뚝이 뽑아지는 경우, 볼이 해저드 안에 있든 밖에 있든 관계없이 언제나 뽑아 놓고 칠 수 있다.

말뚝이 뽑아지지 않을 때는 볼이 해저드 밖에 있을 때는 벌 없이 구제를 받아 드롭이 가능하지만, 볼이 해저드 안에 있을 때는 벌 없이 구제를 받을 수 없다.

125 거리를 표시하는 나무가 방해가 될 때 구제 받을 수 있는지 여부

Q 거리를 표시하는 나무 밑에 볼이 들어갔다. 구제를 받을 수 있는가.

A 그 나무가 살아 있으면 구제 받을 수 없다.

126. 구제의 기점을 정할 가까운 쪽이 OB이거나 워터 해저드인 경우

Q 볼이 카트도로에 놓여 있어서 구제를 받고자 한다. 그러나 가까운 쪽이 OB나 워터 해저드일 때는 어디에 구제의 기점을 정해야 하는가.

A 볼이 놓여 있는 곳에서 가까운 곳이 OB 지역이거나 워터 해저드 혹은 수리지로 되어 있어서 구제의 기점을 정할 수 없는 경우에는, 반대편 페어웨이 쪽으로 나와서 볼에서 가장 가까우나 홀에는 가깝지 않은 곳에 구제의 기점을 정하고 규칙에 따라 드롭할 수 있다.

★ 2004년 11월 타이거 우즈, 콜린 몽고메리, 최경주 그리고 박세리와 함께 제주도 라온 CC에서 스킨스 게임을 하였다.

남자 3명의 선수들은 겉으로는 서로 농담을 주고받으며 화기애애하게 게임을 즐기는 듯 보였지만, 실제로는 스킨을 더 많이 따겠다는 승부욕이 상상 이상이었다. 특히 시합이 끝난 뒤 기자회견에서 몽고메리가 '라이더 컵 때 타이거 우즈를 이겨서 기뻤는데 오늘 또 이겨서 더 기쁘다' 했을 정도이니 생각보다 분위기가 좋은 것은 아니었다.

몽고메리가 14번 홀에서 티 샷 한 볼이 페어웨이 왼편에 있는 카트도로 왼쪽 끝에 멈춰 섰다. 구제의 기점을 정해야할 도로의 왼편은 제주도 특유의 자갈밭으로 되어 있어서 도저히 플레이 할 수 없는 지역이었다.

그곳에 아무 표시가 되어있지 않아서 몽고메리와 내가 free 드롭 여부를 놓고 옥신각신 하는 사이에 TV 중계를 보고 있던 골프장 측에서 무전 연락이 왔다. 바로 옆 변전실을 보호하는 철조망이 있는 지역이 모두 수리지라는 것이다. 따라서 카트도로 오른쪽(페어웨이 쪽)으로 나와 드롭할 수 있도록 조치를 취할 수 밖에 없었다.

그러나 다음 홀로 이동하는 도중에 타이거 우즈가 '아무리 크게 눈을 뜨고 찾아보아도 그곳에 GUR(Ground Under Repair)의 표시는 없더라' 하고 농담성 불만을 해서 가슴이 뜨끔하였다. 그 시합이 이벤트성이 아니고 정규 시합이었다면 구제를 해줄 수 없는 상황이었기 때문이다.

127 거리를 표시하는 말뚝이 뽑아지지 않는 경우

Q 거리를 표시하는 말뚝이 뽑아지지 않는 경우 드롭이 가능한가.

A 가능하다.
그러나 뽑아 지는데도 뽑아놓고 치지 않고 드롭하고 치면 2벌타를 받는다.

128 다른 방향으로 볼을 쳐 내려는데 장해물이 방해가 되는 경우

Q 볼을 홀 쪽으로는 도저히 칠 수가 없는 상태로 놓여 있어서 옆으로 빼내려 한다. 그렇게 치려고 스탠스를 취하면 스프링클러의 헤드가 방해가 되는 경우에 구제를 받을 수 있는가.

A 구제 받을 수 있다.

또 구제를 받아 볼을 드롭한 후에 홀을 향하여 칠 수 있게 되었을 때는 그렇게 쳐도 된다.

비슷한 예로 오른손잡이가 좌측에 있는 OB 담 가까이 있는 볼을 도저히 오른손으로는 칠 수가 없어서 왼손으로 빼내려고 하는데 왼손으로 치려면 스탠스가 배수구에 걸리는 경우에도 구제를 받을 수 있다.

또 구제를 받아 드롭한 볼이 오른손으로 칠 수 있는 곳에 가 있으면 오른손으로 쳐도 된다.

129 고인 물(Casual Water) 안에 볼이 있을 때 구제 방법

Q 볼이 스루 더 그린에 있는 고인 물 안에 있을 때 구제 방법.

A 고인 물(Casual Water)에 볼이 놓여 있거나 스탠스가 방해를 받아 구제를 받고자 할 때는, 고인 물을 피하고 볼에서 가장 가까우며 홀에는 가깝지 않은 곳에 구제의 기점을 정하고 그 기점으로부터 한 클럽 이내이며 홀에는 가깝지 않은 곳에 벌 없이 드롭할 수 있다.

스탠스를 취하기 전에는 보이지 않았지만 스탠스를 취했을 때 발밑에 물이 보이면 그것은 고인 물로 취급되지만 발로 꼭 눌렀을 때만 보이는 물기는 고인 물로 취급되지 않는다.

힘으로 밀어 붙이면 안 돼

골프를 치러 가는 것은 여자와 데이트를 하러 가는 것과 같은 설레임이 있다.

가슴이 두근거리며 무슨 말을 먼저 할까. 옷은 무엇을 입을까. 그저 여자의 환심을 사기 위하여 골몰한다. 강하게 밀어 붙여서 여자의 관심을 끌어야 되고 또 기회가 왔다하면 부드럽게 접근하여서 멀리 빗나가지 않도록 해야 한다.

골프도 마찬가지이다. 오늘 드라이버는 어떻게 칠까. 아이언 4번 대신 우드를 써볼까, 절대로 헤드업은 하지 말아야지. 골프장 가는 동안 그저 잘 치기 위하여 모든 궁리를 한다.

드라이버 샷은 강함의 표본이다. 또 세컨드 샷은 부드럽게 홀에 가까이 멈출 수 있도록 해야 한다. 볼이 그린 위에 정지하면 이제 최후의 정복만이 남아 있다. 이 어려운 퍼팅을 여하히 절묘하게 홀인시킬 수 있을까. 이때 여리고 가냘픈 여자를 힘으로 제압하려는 어리석은 사나이가 되어서는 안된다.

강력한 드라이버 샷. 유연한 어프로치. 섬세한 퍼팅. 이 세 가지 요소가 훌륭한 조화를 이룰 때 홀의 공략이 쉬워지는 것이다.

130 물이 차있는 벙커에 볼이 들어간 경우

Q 물이 차 있는 벙커에 볼이 들어갔을 때는 어떻게 처리해야 하는가.

A 물이 찬 벙커에 볼이 들어가서 그대로 칠 수 없을 때에는

1) 홀에 가깝지 않고 볼이 있는 곳에서 가장 가까운 곳으로서 물이 없거나 또는 물이 얕고 치기 좋은 곳(최대한 구제를 받을 수 있는 곳)에 벌 없이 드롭하든가
2) 1벌타를 받고 홀과 볼이 있던 곳을 연결하는 후방 직선상 벙커밖에 드롭하든가(벙커 안에 물이 가득 차 있을 때는 억울하지만 이 방법을 택할 수밖에 없다)
3) 언플레이어블 볼을 선언하고 그 규칙에 따라 처리하는 방법 등이 있다.

131 수리지(Ground Under Repair)나 동물이 파놓은 구멍 속에 들어가서 볼을 잃어버린 경우

Q 수리지 혹은 동물이 파놓은 구멍 속으로 들어가 볼을 잃어버린 경우 분실구로 벌타 처리가 되는가.

A 아니다.

친 볼이 그런 곳에 들어가서 분실되었다는 확실한 증거가 있을 때는 구제를 받을 수 있다.

그러나 단순히 그쪽으로 갔으니 그곳에 들어가서 분실됐을 것이라는 추측 만으로는 안된다. 증거가 없으면 분실구로 처리되어야한다. 친 볼이 수리지로 들어간 적당한 증거가 있을 때에는 수리지로 들어간 바깥 지점을 추정하여 그곳에 구제의 기점을 정하고 규칙에 따라 벌 없이 볼을 드롭해야 한다.

동물이 파놓은 구멍 속에 들어가 볼이 분실되었을 때에도 역시 구멍 입구에 볼이 있다는 가정하에 구제의 기점을 정해야 한다.

132 | 지면에 박힌 볼의 구제

Q 볼이 지면에 박혔을 때의 구제 방법과 어느 정도 박혀야 박힌 볼로 인정하는지.

A 볼이 지면에 떨어지는 충격으로 볼 자체가 만든 핏치 마크 안에, 볼의 일부가 지면보다 조금이라도 밑에 있으면, 그 볼은 지면에 박힌 것으로 간주한다. 박힌 볼은 반드시 자기가 만든 자국 속에 들어가 있어야 한다.

볼이 페어웨이 높이로 깍은 지역에 떨어져 박히면 벌 없이 집어 올려 닦을 수 있으며 볼이 있던 곳에 되도록 가깝지만 홀에는 가깝지 않은 곳에 드롭할 수 있다. 드롭 한 볼이 박혔을 때는 다시 드롭하고 또 박혔을 때는 두 번째 드롭했을 때 박힌 지점에 되도록 가까우나 홀에는 가깝지 않은 곳에 볼을 놓을 수 있다.

★ 미국 LPGA와 일본 JLPGA 그리고 우리나라 KLPGA에서는 골프장의 코스 상태에 따라 페어웨이 러프 구별 없이 스루더 그린에서 박힌 볼은 모두 벌 없이 구제할 수 있도록 로칼 룰로 정해놓는 경우가 많다.

★ 2005년 나인브릿지에서 열렸던 미 LPGA 시합 때 경기위원회에서 코스의 지면이 질퍽거리는 곳이 많은 관계로, 경기의 진행상 페어웨이에 있는 모든 볼은 박혔거나 안 박혔거나 관계없이 언제나 한 클럽 길이 이내에 옮겨 놓고 칠 수 있도록 로칼 룰을 제정한 바 있다.

133 떨어지는 충격으로 볼이 핏치 마크(Pitch-Mark)를 튀어 나갔다가 되돌아 온 경우

Q 볼이 떨어져 만든 자국 밖으로 튀어 나갔다가 백스핀이 걸려서 다시 그 자국 속으로 들어온 경우 구제받을 수 있나.

A 구제를 받을 수 있다. 그러나 자신이 만든 자국이 아닌 다른 사람이 만들어 놓은 자국에 들어가 있는 볼은 구제를 받을 수 없다.

134 사용하지 않는 그린(Wrong Putting Green)위에 올라가 있는 볼

Q 사용하지 않는 퍼팅 그린 위에 볼이 올라가 있을 때 처리 방법.

A 볼이 사용하지 않는 그린에 놓여 있을 때에는 그대로 쳐서는 안되며, 볼이 놓여 있는 곳에서 가장 가까운 곳 그린 밖에 구제의 기점을 정하고 그 구제의 기점으로부터 한 클럽 길이 이내로써 그 기점보다 홀에 가깝지 않은 곳에 드롭해야 한다.

사용하지 않는 그린 밖에 볼이 있고 스탠스가 그린에 걸릴 때는 구제를 받을 수 없으며 그냥 플레이해야 한다.

★ 일본에서는 사용하지 않는 그린을 스루더 그린으로 취급해서 소위 B 그린 위의 볼은 있는 그대로 플레이하도록 되어 있다. 일본서 활약하고 있는 K 선수가 파라다이스 오픈에 초청을 받아 클럽 700에서 플레이 하던 중 일본서 플레이하던 습관대로 4번 홀에서 사용하지 않는 그린 위에 있는 볼을 무심코 그냥 쳤다가 2벌타를 받았다.

135. 워터 해저드(Water Hazards)와 래터럴 워터 해저드(Lateral Water hazards)에 빠진 볼

Q 워터 해저드와 래터럴 워터 해저드에 볼이 빠졌을 때 처리 방법의 차이는 무엇인가.

A 노란 말뚝으로 표시된 워터 해저드에 볼이 들어가서 볼이 놓여있는 그대로 칠 수 없을 때에는 1벌타를 받은 후
 1) 원구를 친 곳에 가서 다시 친다
 2) 볼이 워터 해저드 경계를 최후로 넘은 지점과 홀을 연결하는 워터 해저드 후방 직선상에 볼을 드롭하고 친다. 이 경우에 뒤로는 거리에 관계없이 갈 수 있다.
 이상 두 가지 방법 중 하나를 선택하여 처리할 수 있다.

 빨간 말뚝으로 표시된 래터럴 워터 해저드에 볼이 들어갔을 때는 워터 해저드의 처리 방법 1). 2)와 똑같이 처리할 수 있으며 또 이 두 가지 이외에 추가하여 선택할 수 있는 방법으로
 3) 원구가 워터 해저드의 경계를 최후로 넘은 지점(또는 홀로부터 그 지점과 등거리에 있는 워터 해저드 건너편 대안의 경계 지점)으로부터 두 클럽 길이 이내이지만 홀에 가깝지 않은 해저드 밖에 드롭하고 친다.
 이상 세 가지 방법 중 하나를 선택하여 처리할 수 있다.

★ 워터 해저드에 볼이 들어가 있을 때 그냥 칠 수 있으면 벌을 받지 않고 쳐낼 수 있다. 박세리 선수가 US OPEN에서 처음 우승할 때 구두를 벗고 물에 들어가서 친 샷이 바로 그런 예이다.

이때 주의할 점은 어드레스할 때 채가 물이나 지면에 닿지 않도록 조심해야 하는 것이다. 채가 물이나 지면에 닿으면 2벌타를 받아야 하기 때문이다. 박 세리의 경우처럼 풀이 깊은 곳에 볼이 있을 때는 어드레스할 때 채가 풀에 닿는 것은 괜찮으나 볼이 움직이지 않도록 조심해야 한다.

넘길 수 있을까

평양에서 그날 시합이 끝나면 바로 모든 사람을 평양 시내의 유명 명소로 안내하며 구경시킨다. 그 사람들에게는 시합보다도 이런 행사가 더 중요한 듯 보였다.

하루는 파리의 개선문을 본 따서 만든 광복 거리의 전승문에서 여자 안내원들이 열을 내며 열심히 무엇인가 설명을 하고 있었다. 그런데 한 사람이 설명을 듣지 않고 그룹에서 이탈하여 그 문의 꼭대기를 올려다보고 또 밑을 보곤 하니까 한 안내원이 그에게 다가왔.

'선생. 무엇을 보고 그렇게 감탄하고 계십니까'

문 위 꼭대기에 적혀 있는 김일성 노래의 가사를 큰소리로 읽으며 짓궂은 그 아마추어가 대답했다. '저문 위를 넘어 그린을 공격하려는데 드라이버로 드로우를 내야 할지 스푼으로 페이드를 낼 것인지 학습 중입네다.' 그 여자 안내원은 아무 말도 못하고 가버렸다.

136. 래터럴 워터 해저드의 경계를 넘은 지점을 모르는 경우

Q 래터럴 워터 해저드에 볼이 들어갔다. 경계를 넘어 들어간 지점에서 두 클럽 길이 이내에 볼을 드롭하려고 하는데 들어간 위치를 정확히 알 수 없는 경우.

A 볼이 래터럴 워터 해저드에 들어간 지점을 알 수가 없는 경우에는 마커, 동반 경기자 또 그들의 캐디들과 상의 하는 등 최선을 다하여 그 지점을 추정하여 결정해야 한다.

그렇게 결정된 장소에서 드롭하고 플레이를 하였으면, 그 후에는 비록 그 해저드를 넘은 지점이 다른 곳으로 판명되더라도 일단 친 볼로 플레이를 계속해야 하며 벌은 없다. 그 지점을 정하는데 최선을 다하여 공정하게 판단하고도 후에 벌을 받는다는 것이 적절치 못하기 때문이다.

그러나 최선을 다하여 정한 장소에 볼을 드롭한 후에라도 샷을 하기 전에 정확한 장소가 발견되었다면, 드롭 한 볼을 포기하고 올바른 장소에서 다시 드롭하고 플레이해야 한다.

★ 2003년 일동 레이크 CC에서 열렸던 SK 인비테셔널에서 지금은 미국에서 1승을 올리고 있는 S 선수가 8번 홀에서 두 번째 친 샷이 그린 앞 래터럴 워터 해저드에 빠졌다.

마침 8번 홀 그린에서 플레이를 마치고 9번 홀로 향하던 선수들이 그 샷을 목격하고 빠진 지점을 가르쳐 주고 갔다. 그러나 그는 목격한 사람의 조언을 듣지 않고 캐디와 상의 한 후 실제로 볼이 해저드 경계를 넘은 지점으로부터 약 10m 뒤의 지점에 드롭하고 플레이를 하였다가 오소(誤所) 플레이로 2벌타를 받았다.

스코어 접수시 그는 거리가 멀어서 가르쳐 준 장소를 확실히 알 수가 없었고 또 최선을 다하여 그 장소를 결정한 만큼 벌타의 부과가 불합리하다고 주장하였으나, 증인이 있는 경우에는 가르쳐 준 지점에 드롭하여 플레이하여야 했으므로 위원회에서 받아들이지 않았다.

137 친 볼이 물에 빠진 것 같아 그 후방에 드롭하고 플레이 한 후 5분 내에 원구를 찾은 경우

Q 친 볼이 물에 빠진 것 같아서 그 근처를 2-3분 찾다가 포기하고 해저드 후방에 볼을 드롭하고 쳤다. 앞으로 걸어 가다가 5분 안에 원구를 해저드 밖에서 찾은 경우.

A 해저드 후방에 볼을 드롭한 시점에서 원구는 분실구가 되었다. 따라서 찾은 원구를 가지고 할 수 있는 일은 아무 것도 없다.

해저드에 들어간 볼로 처리를 하려면 볼이 해저드에 들어갔다는 적당한 증거가 있어야 한다. 그렇지 않으면 분실구로 처리하고 원구를 친 곳에 가서 다시 쳐야 한다.

이 경우에는 해저드에 들어간 증거가 없는데 분실구로 처리하는 대신 해저드 처리를 하고 플레이하였으므로 오소(誤所) 플레이에 해당되서, 분실구의 1벌타와 오소(誤所) 플레이 2벌타 합계 3벌타를 받고 플레이는 계속하여야 한다. 그리고 그 위반이 중대한 오소(誤所)인 경우에 해당되면 그 잘못을 시정해야 하며 그렇게 하지 않으면 경기 실격이 된다.

138. OB(Out of Bounds)의 볼인지 아닌지의 판단 기준

Q 친 볼이 OB 라인에 걸려있어서 OB의 볼인지 아닌지를 판단하기가 어려운 경우에 그 판단의 기준은.

A 볼이 OB의 볼인지 아닌지는 OB선에 볼이 접촉되어 있느냐 아니냐에 따라 결정된다.

OB선이란 말뚝으로 표시되어 있을 때는 말뚝과 말뚝을 잇는 안쪽(페어웨이 쪽)의 지면의 선을 의미하며, 선으로 표시되어 있으면 그 선이 OB선이다. 볼이 OB 선에 조금이라도 접촉되어 있으면 OB의 볼이 아니고 볼 전체가 완전히 그 선을 벗어나 OB쪽으로 나가 있어야 OB의 볼이다.

OB 지역은 코스가 아니다. 그러나 볼을 치기 위하여 OB 지역에 스탠스를 취할 수 있다.

139 | 워터 해저드에서 친 볼이 OB가 되었을 때

Q 워터 해저드에서 친 볼이 OB가 되었거나 분실된 경우에 처리할 수 있는 방법.

A 1벌타를 받고 다음과 같이 할 수 있다.

1) 해저드 안의 원구를 친 곳에서 드롭하고 치거나
2) 1벌타를 추가하고 원구가 워터 해저드에 빠졌을 때 처리할 수 있는 방법 중 하나를 선택하여 처리할 수 있다.

★ 2004년 삼성 파브 인비테셔널이 열린 피닉스 파크 10번 홀에서 Y 선수가 티샷한 볼이 왼쪽 래터럴 해저드에 들어갔다. 다행히 물에는 빠지지 않고 그냥 칠 수 있어서 그대로 친 볼이 OB가 되었다. 그는 1) 친 자리에서 드롭하고 칠 수는 있으나 드롭할 장소가 좋은 상태가 아니므로 2) 처음 원구가 해저드 경계를 넘은 지점에서 두 클럽 길이 이내에 드롭하고 치는 방법을 선택하였다.
이런 경우에는 해저드에 빠진 1벌타가 추가된다.

140 | 다른 볼을 드롭한 후 원구를 5분 안에 찾은 경우

Q 볼을 찾다가 못 찾아 먼저 친 자리로 돌아와서 볼을 드롭하였는데 캐디가 5분 안에 볼을 찾은 경우에 찾은 볼로 플레이할 수 있는지 여부.

A 드롭한 볼로 플레이해야 한다. 볼을 드롭한 시점에 원구는 분실구가 되기 때문에 5분 안에 원구를 찾아도 아무 소용없다. 만일 찾은 원구로 플레이를 하면 오구 플레이가 되고 따라서 시정하지 않으면 실격된다.

 드롭한 볼을 친 다음에 원구를 찾았어도 마찬가지이다.

141 볼을 찾을 수 없어 볼이 들어간 곳 근처에서 친 경우

Q 티샷이 숲 속에 들어갔는데 찾을 수가 없다. 시간을 절약하기 위하여 볼이 들어간 지점 근처에서 드롭하고 다음 샷을 한 경우에는 어떻게 처리 되나.

A 친 샷이 분실구가 되었거나 OB가 되었을 때는 반드시 앞서 플레이한 지점에 가서 1벌타를 받고 다시 쳐야 한다. 그렇게 하지 않고 볼이 들어간 근처에서 다음 샷을 했으면 중대한 오소(誤所) 플레이를 한 것이며 따라서 그 잘못을 시정하지 않고 다음 홀에서 티샷을 하면 실격 처리된다.

★ 많은 분들이 OB 티에서 칠 때 티를 꼽고 쳐야 하는지 혹은 드롭을 하고 쳐야 하는지를 문의 해온다.

규칙에는 OB 특설 티라는 것이 없고 그것은 규칙에 위반되는 것으로 공식 시합에서는 사용할 수 없는 것이다. 친 볼이 OB나 분실구가 되었을 때는 반드시 먼저 친 자리에 와서 다시 샷을 해야 한다. 따라서 불법을 가지고 어떤 것이 맞느냐 하는 것은 논쟁의 대상이 될 수 없다.

그러나 대부분의 골프장에서 특설 티를 만들어 놓고 진행상 그곳에서 플레이하도록 요구하는 현실을 무시할 수 없는 것이며, 또 나 혼자만 그렇게 못하겠다고 캐디와 옥신각신 할 수도 없기 때문에 특설 티에서 치는 경우 어떻게 하고 치는 것이 좋으냐는 의견을 물어 오는 경우가 있다.

그런 때에는 만약 특설 티에 작은 티잉 그라운드를 만들어 놓은 경우에는 티샷을 해도 좋고, 아무 것도 없이 그냥 하얀 티 마커만 놓여 있는 경우에는 드롭을 하고 치는 것이 좋을 것 같다는 의견을 내놓는다.

왜냐하면 코스에서 티를 꼽고 칠 수 있는 곳은 티잉 그라운드 밖에 없기 때문이며, 또 규칙대로 돌아가서 다시 친 볼이 그 곳에 떨어졌다는 가정 하에 특설 티에서 치는 것이므로 코스 중간에서는 볼을 드롭해야 하기 때문이다.

그러나 이것은 내 개인 생각일 뿐이며 시시비비의 판단 기준이 될 수 없다. 특설 OB 티는 불법이란 것을 다시 강조한다.

142 5분이 지난 후에 찾은 볼로 플레이

Q 찾기 시작하여 5분이 지난 후에 찾은 볼로 플레이하여 홀 아웃하였다. 벌타는.

A 볼을 찾기 시작해서 5분이 지나면 그 볼은 분실구가 된다. 분실구는 인 플레이 볼이 아니고 오구이기 때문에 오구를 친 2벌타와 분실구 1벌타 합계 3벌타를 받고 원구를 친 곳에 가서 다시 쳐야 한다. 그렇게 하지 않고 다음 홀에서 티샷을 하면 실격이 된다.

143 잠정구(Provisional Ball)를 친다는 말을 하지 않고 친 경우

Q 잠정구를 치겠다는 말을 하지 않고 볼을 치면 어떻게 되는가.

A 잠정구를 칠 때는 반드시 마커나 동반 경기자에게 잠정구를 치겠다는 의사를 명백히 표시해야 한다. 하나 더 치겠다든지, OB가 낫나 또는 못 찾겠지 등의 표현은 잠정구를 치겠다는 의사를 표시한 것으로 간주되지 않는다.

잠정구를 치겠다는 뜻을 말하지 않고 친 볼은 잠정구가 아니라 인 플레이 볼이 되며 원구는 자동적으로 분실구가 된다.

★ 잠정구는 친 볼이 OB나 분실구 가능성이 있을 때 친 자리로 되돌아오는 시간을 절약하기 위하여 칠 수 있게 한 것이다. 따라서 원구를 찾으러 앞으로 나가기 전에 친 곳에서 다른 볼을 하나 더 쳐야 한다.

2003년 SK 인비테셔널이 열린 일동 레이크 11번 홀에서 S선수가 티샷을 친 것이 잘 나간 볼은 아니었으나 볼을 잃어버릴 정도는 아닌 것 같아서 잠정구를 치지 않고 나갔다.

동반 경기자들 그리고 캐디들의 도움을 받아 2분 정도 찾았으나 쉽게 찾지를 못하자, 그는 다른 사람들이 찾는 동안 잠정구를 치고 오겠다고 선언하고 티잉 그라운드로 돌아와 제2의 볼을 쳤다.

그가 세컨드 샷 지점으로 다시 뛰어오는 동안 캐디가 원구를 찾아서 시간을 보니 5분이 넘지 않았다. 그는 원구로 플레이를 계속하여 경기를 끝마친 후 그 상황을 경기위원회에 보고 하였고 당연히 실격 처리되었다.

볼을 찾는 도중에 다시 돌아와 치는 것은 잠정구가 아니다. 따라서 제2의 볼을 친 시점에 원구는 분실구가 되었으며 찾은 원구를 친 것은 오구를 친 것이다. 그는 그것을 시정하지 않고 다음 홀에서 티샷을 했기 때문에 실격 된 것이다.

★ 우리나라의 N 선수가 세인트 앤드류 올드 코스에서 벌어진 월드컵 대회에 한국 대표로 출전하여 경기를 하던 중에, 17번 홀에서 티샷을 한 볼이 분실구 염려가 있어서 아무 말 없이 잠정구를 쳤다가 상대방 팀의 클레임을 받았다. 그는 나중에 원구를 찾았지만 때는 이미 늦어서 분실구로 처리해야만 되었다.

특히 외국에서 시합할 때 한국말이라도 잠정구를 칠 때는 반드시 표현을 분명히 해야 한다.

144. 잠정구를 친 후에 원구를 찾지 않고 포기하는 경우

Q 티샷을 친 것이 깊은 숲 속으로 들어갔다. 잠정구를 친 것은 매우 잘 나갔으므로 원구를 찾는 것을 포기하고 잠정구로 플레이를 계속 할 수 있는가.

A 그렇게 할 수 있다. 원구를 꼭 찾아야할 의무는 없다.
때로는 원구를 찾지 않고 잠정구로 계속 플레이하는 것이 스코어를 줄이는데 더 유리한 경우가 있기 때문이다.

★ 경쟁자가 친 볼이 깊은 숲 속으로 들어갔을 때는 볼을 찾아주지 않거나 또는 찾지 못하기를 원하는 경우가 대부분이다. 그러나 그렇지 않은 반대의 경우도 있다.

아마추어 시합이 열렸던 프라자 구 코스 13번 파 3홀에서 마지막 날 있었던 일이다. 플레이어 A가 친 볼이 오른쪽 나무 숲속 언덕 위로 들어가 분실 염려가 있어서 잠정구를 친 것이 바로 홀 옆에 붙었다.

동반 경기자들은 원구를 찾아서 A로 하여금 원구를 치도록 하는 것이 자기들에게는 유리하다고 판단하였기 때문에 모두들 원구를 찾으려고 달려갔고, A는 원구를 찾아 깊은 숲 속에서 볼을 쳐내어도 보기보다 좋은 스코어를 기록하기는 어렵다고 판단했기 때문에 재빨리 달려가서 그들이 원구를 찾기 전에 홀 아웃을 하여 버렸다.

A가 홀 곁에 있는 볼을 치면 원구는 자동적으로 분실구가 되므로, 그가 플레이를 한 후에 다른 사람들이 A의 볼을 찾아도(5분 안에) 아무 소용이 없게 된다.

만약에 A가 잠정구를 계속 치기 전에 원구를 발견하면 그는 잠정구를 포기하고 원구로 플레이를 해야 한다.

145 잠정구를 계속 치고 나갈 수 있는 장소는 어디까지

Q 잠정구를 친 샷이 실패하여 조금밖에 나가지 못했다. 어디까지 계속 치고 나갈 수 있는가.

A 플레이어는 원구가 있을 것으로 생각되는 지점에 도달할 때까지만 그 잠정구를 계속 치고 나갈 수 있다.

원구가 있을 것으로 생각되는 지점이나 또는 그 지점보다 홀에 가까운 곳에서 잠정구를 치면 원구는 분실구가 되고 잠정구가 인 플레이 볼이 된다. 그 장소가 분명하지 않을 때는 그 지점을 추정하여 결정해야 한다.

그 지점을 추정하여 결정하고 그 지점에서 잠정구를 플레이한 후에 원구를 홀 앞에서 찾은 경우에는 어떻게 되는가. 원구는 이미 분실구가 되어 있는 상태이므로 원구를 쳐서는 안된다.

146 찾은 원구 대신 잠정구로 플레이 할 수 있는지 여부

Q 친 샷이 깊은 숲 속으로 들어가서 찾을 수 없을 것 같아서 잠정구를 치고 나갔다. 원구를 찾기는 하였으나 칠 수 없는 위치에 놓여 있어서, 언플레이어블 볼을 선언하고 규칙에 따라 먼저 친 자리에 돌아가 다시 치는 대신 이미 친 잠정구로 플레이 하려 한다. 규칙에 위반 여부.

A 그렇게 할 수 없다. 볼을 찾은 순간 그 잠정구의 생명은 끝난 것이다. 그리고 그 볼은 언플레이어블 볼의 처리 방법에 따라 처리해야 한다.

만일 언플레이어블 볼을 선언하고 먼저 친 자리에 가서 치는 방법을 선택한다면 다시 돌아가 쳐야 한다.

★ 제주도 로드랜드 CC에서 열렸던 2005년 매일경제 로드랜드 오픈 마지막 날 18번 홀에서 N 선수가 친 티샷이 오른쪽으로 휘어 스코어보드 뒤 숲 속으로 들어갔다.

잠정구를 치고 나가서 볼을 찾는 도중에 그의 캐디가 볼을 발견 하여 집어보니 자기 선수의 볼이 아니었다. 더 찾기를 포기하고 그는 잠정구로 계속 플레이하여 홀을 마치었는데, 멀리서 바라보고 있던 갤러리 한사람이 원구를 찾았음에도 불구하고 잠정구를 계속 치는 것은 위법이 아니냐고 클레임을 걸어왔다.

위원회에서 확인한 결과 캐디가 집었던 볼은 그 선수의 볼이 아닌 것으로 판명되어 실격의 벌을 면할 수 있었다.

★ 골프장에 가서 보면 옆 홀과의 사이에 OB 말뚝을 박아 놓고 샷한 볼이 그 OB 선을 넘어 다른 홀에 떨어지면 OB의 볼로 취급되고 있다.

그러나 OB 경계를 넘어 다른 홀의 페어웨이에 떨어져있는 볼은 코스에 있는 볼이므로 인 바운드에 있는 볼이며 플레이할 수 있는 볼이다. 규칙에는 OB 지역은 코스가 아니며 플레이할 수 없는 지역으로 되어 있다. 룰에 많은 관심을 가지고 계신 분들이 논쟁을 하며 그 볼이 OB의 볼인지 아닌지를 문의 해오는 경우가 있다.

규칙에서는 그런 불합리한 점을 없애기 위하여 다음과 같은 로컬 룰을 채택하도록 권하고 있으며 모든 골프협회가 이를 채택하고 있다.

'볼이 OB 경계를 넘어가 건너편 코스위에 정지해 있어도 그 볼은 OB의 볼이다'

따라서 정확히 말하면 로컬 룰에 위와 같은 조항이 없는 경우에는 그런 OB 경계를 넘어 다른 홀의 코스에 떨어져있는 볼은 OB의 볼이 아니다.

147. 언플레이어블 볼(Ball Unplayable)을 선언한 후에 볼의 처리 방법

Q 스루더 그린에서 언플레이어블 볼을 선언할 수 있을 때와 없을 때의 구별은 무엇이며 그 처리 방법에는 어떤 것이 있는가.

A 볼이 워터 해저드에 있을 때를 제외하고 플레이어는 코스의 어디에서나 언플레이어블 볼을 선언할 수 있다. 볼을 칠 수 있는지 없는지는 플레이어 자신이 결정하는 문제이며 다른 사람이 왈가왈부 할 수 없는 것이다.

볼을 칠 수 없다고 판단하면 1벌타를 받은 후 다음 중 하나를 선택하여 처리 할 수 있다.

1) 원구를 바로 전 친 곳에 가서 다시 친다.
2) 볼이 있는 지점과 홀을 연결하는 직선 후방선상에 거리의 제한 없이 볼을 드롭한다.
3) 볼이 있는 곳에서 두 클럽 길이 이내의 곳으로 홀에 가깝지 않은 곳에 볼을 드롭한다.

148 벙커에서 언플레이어블 볼의 처리 방법

Q 벙커에 있는 볼을 칠 수가 없어 언플레이어블 볼을 선언했을 때 처리할 수 있는 방법에는 어떤 것이 있는가.

A 1벌타를 받고 다음 중 하나를 선택하여 처리 할 수 있다.

1) 원구를 바로 전에 친 곳에 가서 다시 친다. (바로 전에 친 곳이 벙커 밖이었다면 이 경우만이 벙커 밖으로 나올 수 있는 유일한 처리 방법이다.)
2) 볼이 있는 지점과 홀을 연결하는 직선 후방선상에 거리의 제한 없이 벙커 안에 볼을 드롭한다.
3) 볼이 있는 곳에서 두 클럽 길이 이내의 곳으로 홀에 가깝지 않은 벙커 안에 볼을 드롭한다.

남자가 골프에 빠지면

한 번도 지각을 해 본적이 없는 사람에게서 급하게 핸드폰이 울렸다. 꼭 한 시간만 티오프 시간을 늦춰 달라는 것이다.

'장례식을 끝마치는 대로 달려갈 테니까'

'누가 죽었는데'

'내 마누라가'

여자가 골프에 빠지면

퍼팅 그린에서 퍼팅을 하다말고 R 여사, 시계를 보더니 엄숙히 고개를 숙여 묵념을 하였다.

그 시간에 그녀의 남편 영결식이 거행되고 있었으니까.

149 | 나무 위에 올라가 있는 볼의 처리 방법

Q 얼마 전 신문에서 최근 슬럼프에 빠져 있는 박세리 선수가 미국 LPGA 시합 중에 자기 볼이 나무 위에 걸려 있는 것을 캐디와 함께 쳐다보는 딱한 사진을 본 적이 있다. 그런 볼은 어떻게 처리해야 하나.

A 볼이 나무 위에 높이 걸려 있어서 칠 수 없는 경우에는 우선 그 볼이 자기의 볼인지를 확인해야 한다. 확인할 수 없으면 분실구가 되기 때문이다.

 확인을 한 다음에는 그 볼을 언플레이어블 볼로 선언하고 흔들거나 또는 다른 방법으로 볼을 떨어뜨린다. 그 다음 두 클럽 길이 이내에 드롭하는 방법을 택하여 처리하고자 할 때는 볼이 나무 위에 있던 곳 바로 수직 아래 지점에서부터 두 클럽 길이 이내에 볼을 드롭하면 된다.

 언플레이어블 볼을 선언하기 전에 나무를 흔들어 볼을 떨어뜨리면 인 플레이볼을 움직인 1벌타를 받아야 한다. 그리고 다시 그 볼을 원위치 해야 하는데 원위치할 수 없는 경우에는 추가로 1벌타를 받을 수 있으므로 처리 순서를 잘 확인해야 한다.

150 임시 움직일 수 없는 장해물(Temporary Immovable Obstructions)로부터 구제

Q 임시로 설치된 장해물이란 무엇이며 또 그것이 경기선상에 놓여 있어서 홀이 보이지 않는 경우에 구제받을 수 있는 방법으로는 어떤 것이 있는가.

A 임시 움직일 수 없는 장해물이란 천막, 스코어보드, 관람석, TV 중계탑, 그리고 이동식 화장실 등 경기와 관련되어 임시로 설치된 인공 물체를 말한다.

이런 장해물이 스윙 구역이나 스탠스에 방해가 되는 경우나 또는 볼과 홀 사이의 경기 선상에 있는 경우 그리고 볼이 그러한 장해가 있는 지점에서 한 클럽 길이 이내에 있는 경우도 역시 방해가 되는 것으로 간주한다. 플레이어의 볼이 이런 장해물의 방해를 받을 때에는 그런 장해물을 피할 수 있는 곳으로서 홀에는 가깝지 않은 지점을 정하고 그 지점으로부터 한 클럽 길이 이내에 벌 없이 볼을 드롭할 수 있다.

이런 임시로 설치된 움직일 수 없는 장해물에 관해서는 위원회에서 별도로 로컬 룰을 제정하여 공표하고 있다

신 페리오 방식
(Double Perio System)

신 페리오 방식 (Double Perio System)

아마추어 시합에서 플레이어들의 핸디캡을 결정하는 방법으로 신 페리오 방식을 채택하는 경우가 많다. 신 페리 오는 그 날 친 스코어를 가지고 그 플레이어의 핸디캡을 산정하는 방식이다.

신 페리오 방식이란 파의 합계가 48이 되도록 18홀 중에서 out에서 6개 홀, in에서 6개 홀 합계 12개 홀을 마음대로 선정한다. 플레이어가 선정된 12개 홀에서 친 스코어 합계를 1.5배 하여 그 숫자에서 파72를 빼고 그 숫자의 80%를 그 플레이어의 핸디캡으로 하는 것이다.

선정한 12개 홀은 플레이어들에게 비밀로 해야 한다.
페리오 방식은 6개의 홀을 선정하는 것에 비하여 이 방식은 선정하는 홀수가 12개이므로 더 공평한 핸디캡을 낼 수 있다.

찾아보기

1. 잃어버린 볼을 홀 속에서 발견 ▶ 38
2. 캐디가 홀 인된 볼을 꺼내도 되는가 ▶ 39
3. 퍼팅 선을 밟은 경우 ▶ 40
4. 퍼팅 한 후에 다른 사람이 깃대를 치운 경우 ▶ 41
5. 휴대폰이 울려 샷을 잘못한 경우 ▶ 42
6. 드롭 후에 움직이고 있는 볼을 집은 경우 ▶ 44
7. 굴러온 볼을 뒤로 쳐 보낸 경우 ▶ 45
8. 뱀 옆에 있는 볼 ▶ 46
9. 짧은 퍼팅을 양보했는데도 볼을 쳤다가 홀에 들어가지 않은 경우 ▶ 47
10. 첫 홀을 모두 보기로 적은 경우 ▶ 48
11. 처리 방법을 몰라 두개의 볼을 치는 경우 ▶ 50
12. 원구를 친후에 투 볼 플레이를 하겠다고 선언 ▶ 51
13. 원구를 치는 대신 제2의 볼을 먼저 플레이 ▶ 52
14. 볼을 치우도록 요구받고도 치우지 않으면 ▶ 53
15. 칩퍼의 사용 여부 ▶ 54
16. 클럽에 납을 부친 경우 ▶ 55
17. 손상된 채의 교체 ▶ 56
18. 잃어버린 채의 교체 ▶ 58
19. 라운드 중 채의 보충 ▶ 59
20. 초과한 수의 채를 가지고 플레이 ▶ 60
21. 플레이에 부적합한 볼 ▶ 62
22. 친 볼이 깨진 경우 ▶ 63
23. 출발 시간에 늦게 도착한 경우 ▶ 64
24. 플레이어는 자기 캐디로부터 어떤 정보도 얻을 수 있다 ▶ 65

25. 늦게 도착했으나 티오프 시간을 맞출 수 있는 경우 ▶ 66
26. 골프 카트에 실려 있는 백에 볼이 맞은 경우 ▶ 68
27. 캐디의 규칙 위반은 플레이어의 책임 ▶ 69
28. 2인 이상의 캐디를 쓸 수 있나 ▶ 72
29. 홀의 스코어를 바꾸어 적은 경우 ▶ 74
30. 한 타를 치는데 걸리는 시간의 제한 ▶ 76
31. 라운드를 끝마친 선수가 같은 코스에서 플레이할 선수의 캐디를 할 수 있나 ▶ 78
32. 몇 번 채로 쳤는지 물어보면 ▶ 79
33. 라운드 중 연습 ▶ 80
34. 언플레이어블 볼을 선언하도록 권하는 것이 어드바이스(Advice)인가 ▶ 82
35. 자기가 친 채의 번호를 암시 ▶ 84
36. 클럽을 경기선에 맞추어 지면에 놓는 경우 ▶ 85
37. 캐디가 깃대를 그린에 접촉하는 경우 ▶ 86
38. 마커가 잘못 알려주어 규칙 위반이 된 경우 ▶ 88
39. 순서를 어기고 플레이 ▶ 90
40. 티에서 떨어지는 볼을 쳤을 때 ▶ 92
41. 티샷을 헛치고 난후에 티를 높여 놓고 친 경우 ▶ 93
42. 티잉 그라운드에서 연습 스윙을 하는 동안 볼을 건드린 경우 ▶ 94
43. 티 구역 밖에서 친 볼이 OB가 되었을 때 ▶ 96
44. 벙커 안에 볼이 파묻혀서 안 보이는 경우 ▶ 97
45. 볼에 표시 ▶ 98
46. 깊은 풀 속에 있는 볼을 집어서 자기의 볼 인지를 확인할 수 있나 ▶ 99

47. 볼 뒤를 밟아 치기 좋게 하면 ▶ 100
48. 백스윙에 방해가 되는 나뭇가지 ▶ 100
49. OB 말뚝을 뽑았다가 다시 꼽고 친 경우 ▶ 101
50. 연습 스윙을 하다가 나뭇잎을 떨어뜨린 경우 ▶ 104
51. 나무의 물방울을 흔들어 털어 버린 경우 ▶ 105
52. 티잉 그라운드의 매트 ▶ 106
53. 백스윙 할 때 채가 모래에 닿으면 ▶ 106
54. 벙커 안에 풀이 나 있는 곳은 벙커가 아니다 ▶ 108
55. 고무래를 들지 않고 끌고 간 경우 ▶ 109
56. 벙커에서 다른 채를 옆에 던져놓고 샷을 한 경우 ▶ 110
57. 벙커 샷을 하려고 스탠스를 취했다가 채를 교체하여 치기로 결정 ▶ 111
58. 해저드 안 볼 옆에 있는 나뭇가지를 치우다 볼이 움직인 경우 ▶ 112
59. 다른 사람이 쳐서 생긴 디 봇이 벙커의 볼 옆에 있는 경우 ▶ 113
60. 다리위에 있는 볼 ▶ 113
61. 벙커샷 한 볼이 그 벙커를 벗어나지 못했어도 정리를 할 수 있나 ▶ 114
62. 화가 나서 모래를 내려 친 경우 ▶ 116
63. 친 벙커 샷이 OB가 되었을 때 드롭 할 장소를 고를 수 있나 ▶ 117
64. 두 볼이 벙커 안 발자국 속에 들어가 있는 경우 ▶ 118
65. 클럽 헤드의 끝으로 볼을 치는 경우 ▶ 120
66. 다운스윙을 멈출수가 없는 경우 ▶ 120
67. 플레이할 때 캐디가 뒤에 서 있는 경우 ▶ 121

68. 플레이할 때 우산을 받쳐주는 경우 ▶ 122
69. GPS나 레이저를 이용한 거리 측정기 사용 ▶ 123
70. 클럽에 볼이 두 번 맞은 경우 ▶ 124
71. 다른 사람의 볼을 친 경우 ▶ 125
72. 캐디에게 던져 준 볼을 잡는데 실패하여 물에 빠져 버린 경우 ▶ 126
73. 캐디가 잘못하여 다른 사람의 볼을 준 것으로 플레이 ▶ 127
74. 벙커에서 친 오구로 홀 아웃 ▶ 128
75. 홀에 들어갔다가 튀어 나온 볼 ▶ 129
76. 온 그린의 기준 ▶ 130
77. 볼을 그린에 문질러 닦는 경우 ▶ 132
78. 퍼팅 선상의 스파이크 자국을 수리한 경우 ▶ 132
79. 퍼팅 선상에 박혀있는 작은 돌을 제거할 수 있나 ▶ 133
80. 퍼팅 선상에 물이 고여 있을 때 ▶ 133
81. 홀 위에 볼이 걸쳐 있을 때 기다릴 수 있는 시간 ▶ 134
82. 퍼팅 그린에 손을 대보는 경우 ▶ 136
83. 그린 밖에서 칠 때 캐디가 깃대를 잡을 수 있나 ▶ 136
84. 뽑아놓은 깃대에 볼이 맞은 경우 ▶ 137
85. 볼이 움직이고 있는 동안 치웠던 깃대를 다시 치운 경우 ▶ 137
86. 깃대에 기대어 있는 볼 ▶ 140
87. 어드레스 할 때 퍼터에 닿아 볼이 흔들린 경우 ▶ 141
88. 개가 볼을 물어가 버린 경우 ▶ 142
89. 어드레스 하기 전에 볼이 움직인 경우 ▶ 144
90. 어드레스한 후에 볼이 움직인 경우 ▶ 145
91. 볼 마크를 치운 후에 볼을 돌려놓은 경우 ▶ 148

92. 볼을 떨어뜨려 볼 마크가 움직인 경우 ▶ 149
93. 연습 스윙을 하다가 볼을 움직인 경우 ▶ 152
94. 어드레스할 때 채를 지면에 먼저대고 나중에 스탠스를 취하는 행위 ▶ 153
95. 정지되어 있던 볼이 다른 사람이 친 볼에 맞은 경우 ▶ 154
96. 그린에서 퍼팅한 볼이 그린위에 있는 다른 볼을 맞힌 경우 ▶ 155
97. 어린아이가 볼을 집어 들고 숲 속으로 던져버린 경우 ▶ 156
98. 반공 시설물에 맞고 OB가 된 볼을 다시 칠 수 있는지 여부 ▶ 158
99. 그린위에서 두 사람이 친 볼이 서로 충돌한 경우 ▶ 159
100. 친 볼이 카트에 맞고 OB가 된 경우 ▶ 160
101. 캐디가 플레이어의 볼을 마크하고 집어 올려 닦은 후에 다시 놓을 수 있는가 ▶ 161
102. 볼에 마크할 때 볼 마커나 동전으로만 해야 하는가 ▶ 162
103. 드롭한 볼이 플레이어에 맞은 경우 ▶ 163
104. 한 클럽 길이 이내에 드롭할 때와 두 클럽 길이 이내에 드롭할 때 ▶ 163
105. 드롭한 볼이 두 클럽 이상 굴러간 경우 ▶ 164
106. 볼을 놓는 것(Placing)과 볼을 제자리에 놓는 것(Replacing)의 차이 ▶ 166
107. 볼을 드롭해야 할 때 놓거나 또는 놓아야 할 때 드롭하는 경우 ▶ 167
108. 볼 마크를 원위치 하지 않고 퍼팅을 한 경우 ▶ 168
109. 워터 해저드에 있는 볼을 언플레이어블 볼로 선언 ▶ 169

110. 오소(誤所) 플레이(Playing Wrong Place)에서 중대한 위반과 중대하지 않은 위반의 차이 ▶ 170
111. 볼에 달라붙어 있는 잔디를 떼어낼 수 있나 ▶ 173
112. 볼을 닦을 수 있는 경우와 없는 경우 ▶ 174
113. 정신적으로 방해되는 볼을 치우도록 요구 ▶ 176
114. 벙커에서 치울 수 있는 것과 없는 것 ▶ 177
115. 벙커안의 돌을 치운 경우 ▶ 178
116. 퍼팅 그린에서 루스 임페디먼트를 치울 때 수건을 사용한 경우 ▶ 179
117. 움직일 수 있는 장해물과 움직일 수 없는 장해물에서의 구제 ▶ 180
118. 움직일 수 있는 장해물과 움직일 수 없는 장해물의 판단 기준 ▶ 181
119. 클럽 하우스의 창문을 통하여 볼을 플레이 ▶ 182
120. OB 지역에 있는 장해물을 치울 수 있나 ▶ 184
121. 벙커 안에 있는 장해물의 방해로부터 구제를 받을 때 벙커 밖으로 나올 수 있는 경우 ▶ 184
122. 벙커 턱에 있는 고무래에 볼이 걸려 있을 때 처리 방법 ▶ 185
123. 카트도로에 볼이 있을 때 가까운 구제의 기점을 정할 곳이 깊은 숲이면 반대쪽으로 나올 수 있나 ▶ 186
124. 스윙에 방해가 되는 워터 해저드 말뚝은 뽑을 수 있는지 여부 ▶ 187
125. 거리를 표시하는 나무가 방해가 될 때 구제 받을 수 있는지 여부 ▶ 187
126. 구제의 기점을 정할 가까운 쪽이 OB이거나 워터 해저드인 경우 ▶ 188

127. 거리를 표시하는 말뚝이 뽑아지지 않는 경우 ▶ 190
128. 다른 방향으로 볼을 쳐 내려는데 장해물이 방해가 되는 경우 ▶ 191
129. 고인 물(Casual Water) 안에 볼이 있을 때 구제 방법 ▶ 192
130. 물이 차있는 벙커에 볼이 들어간 경우 ▶ 194
131. 수리지(Ground Under Repair)나 동물이 파놓은 구멍 속에 들어가서 볼을 잃어버린 경우 ▶ 195
132. 지면에 박힌 볼의 구제 ▶ 196
133. 떨어지는 충격으로 볼이 핏치 마크(Pitch-Mark)를 튀어 나갔다가 되돌아 온 경우 ▶ 198
134. 사용하지 않는 그린(Wrong Putting Green)위에 올라가 있는 볼 ▶ 199
135. 워터 해저드(Water Hazards)와 래터럴 워터 해저드(Lateral Water hazards)에 빠진 볼 ▶ 200
136. 래터럴 워터 해저드의 경계를 넘은 지점을 모르는 경우 ▶ 202
137. 친 볼이 물에 빠진 것 같아 그 후방에 드롭하고 플레이 한 후 5분 내에 원구를 찾은 경우 ▶ 204
138. OB(Out of Bounds)의 볼인지 아닌지의 판단 기준 ▶ 205
139. 워터 해저드에서 친 볼이 OB가 되었을 때 ▶ 206
140. 다른 볼을 드롭한 후 원구를 5분 안에 찾은 경우 ▶ 207
141. 볼을 찾을 수 없어 볼이 들어간 곳 근처에서 친 경우 ▶ 208
142. 5분이 지난 후에 찾은 볼로 플레이 ▶ 210
143. 잠정구(Provisional Ball)를 친다는 말을 하지 않고 친 경우 ▶ 211
144. 잠정구를 친 후에 원구를 찾지 않고 포기하는 경우 ▶ 214

145. 잠정구를 계속 치고 나갈 수 있는 장소는 어디까지 ▶ 216
146. 찾은 원구 대신 잠정구로 플레이 할 수 있는지 여부 ▶ 217
147. 언플레이어블 볼(Ball Unplayable)을 선언한 후에 볼의 처리 방법 ▶ 220
148. 벙커에서 언플레이어블 볼의 처리 방법 ▶ 221
149. 나무 위에 올라가 있는 볼의 처리 방법 ▶ 223
150. 임시 움직일 수 없는 장해물(Temporary Immovable Obstructions)로부터 구제 ▶ 224

* 쉬어가는 코너는 The Golfers Joke Book, Golf Digest 그리고 Golf Magazine 등 외국 잡지와 국내 잡지 등에서 발췌한 것임.

골프규칙 　　　　　정가 10,000원

　　　　　　2006년 8월 10일 초판1쇄 발행
　　　　　　2006년 10월 1일 초판2쇄 발행
저　　자　　김광배
발 행 인　　김주목
발 행 처　　도서출판 대광서림
　　　　　　서울특별시 광진구 구의동 242-133
　　　　　　(02)455-7818(대)
　　　　　　(02)452-8690
출판등록　　제10-24호
ISBN　　　 89-384-0371-8

※ 저자와 합의하여 인지를 생략함.